다르덴 형제

DARDENNE PAR DARDENNE

by Michel Ciment / Jean-Pierre Dardenne / Luc Dardenne

ⓒ Le Bord de l'Eau, 2017
Korean Translation Copyright ⓒ Maumsanchaek Publishing Co., 2024
All rights reserved.

This Korean edition was published by arrangement with
Le Bord de l'Eau
through Bestun Korea Agency Co., Seoul

다르덴 형제

장 피에르 다르덴 · 뤽 다르덴

미셸 시망

김호영 옮김

인간을 존중하는 리얼리즘

마음산책

옮긴이 김호영

서강대학교를 졸업하고 프랑스 파리8대학에서 문학 박사학위를, 고등사회과학연구원
(EHESS)에서 영화학 박사학위를 받았다. 현재 한양대학교 프랑스학과 교수로 재직 중
이다. 지은 책으로 『시간은 다른 얼굴로 되돌아온다』 『프레임의 수사학』 『아무튼, 로드
무비』 『영화관을 나오면 다시 시작되는 영화가 있다』 『영화이미지학』 『프랑스 영화의
이해』 등이 있고, 옮긴 책으로 조르주 페렉의 『보통 이하의 것들』 『인생 사용법』 『공간
의 종류들』 『어느 미술애호가의 방』, 오노레 드 발자크의 『미지의 걸작』, 자크 오몽의
『영화 속의 얼굴』, 장 자크 상페의 『얼굴 빨개지는 아이』 등이 있다.

다르덴 형제

1판 1쇄 인쇄 2024년 4월 20일
1판 1쇄 발행 2024년 4월 25일

지은이 | 장 피에르 다르덴 · 뤽 다르덴 · 미셸 시망
옮긴이 | 김호영
펴낸이 | 정은숙
펴낸곳 | 마음산책

편집 | 성혜현 · 박선우 · 김수경 · 나한비 · 이동근
디자인 | 오세라 · 한우리
마케팅 | 권혁준 · 김은비 · 최예린
경영지원 | 박지혜

등록 | 2000년 7월 28일(제2000-000237호)
주소 | (우 04043) 서울시 마포구 잔다리로3안길 20
전화 | 대표 362-1452 편집 362-1451 팩스 | 362-1455
홈페이지 | www.maumsan.com
블로그 | blog.naver.com/maumsanchaek
트위터 | twitter.com/maumsanchaek
페이스북 | facebook.com/maumsan
인스타그램 | instagram.com/maumsanchaek
전자우편 | maum@maumsan.com

ISBN 978-89-6090-881-9 03680

* 책값은 뒤표지에 있습니다.

저희는 인물 안으로 들어가
그의 뱃속에서 살려고 노력하고,
그와 함께 발전하고,
그와 함께 움직이려고 노력합니다.

일러두기

1. 이 책은 『Dardenne par Dardenne』(Le Bord de l'Eau, 2017)을 우리말로 옮긴 것이다. 2005년, 2008년, 2011년, 2014년에 진행된 네 번의 인터뷰와 2015년 유럽 영화 및 시청각 연구소(IECA)의 초청으로 로렌대학교에서 열린 다르덴 형제의 영화 수업이 담겨 있다.

2. 본문에서 장 피에르 다르덴과 뤽 다르덴은 각각 이니셜인 JPD, LD로 표기했다. 인터뷰어인 미셸 시망의 질문은 모두 볼드 처리했다.

3. 외국 인명, 지명, 독음 등은 외래어표기법을 따르되 관용적인 표기와 동떨어진 경우 절충하여 실용적 표기를 따랐다.

4. 국내에 소개된 작품명은 번역된 제목을 따랐고, 국내에 소개되지 않은 작품명은 원어 병기 후 제목을 독음대로 적거나 우리말로 옮겼다. 영화 제작 연도는 한국영화 데이터베이스(KMDB)의 정보를 바탕으로 표기했다.

5. 22쪽에 있는 원주를 제외한 모든 각주는 옮긴이주다.

6. 영화명, 곡명, 신문·잡지 등 매체명은 〈 〉로, 책 제목은 『 』로 묶었다.

이 책은 영화감독 뤽 다르덴과 장 피에르 다르덴 그리고 영화평론가 미셸 시망이 10여 년에 걸쳐 진행한 인터뷰 모음집이다. 세 사람이 나눈 대화는 자유롭고 풍부하고 이따금 모호하지만 무엇보다도 관대하고 섬세하다. 우리는 구어체의 불완전함을 그대로 유지하면서(생각이 형성되거나 또는 떠도는 대로), 동시에 유려하고 가독성 있는 텍스트를 만들기 위해 노력했다.

사회참여적이면서도 마음을 움직이는 영화감독인 뤽 다르덴과 장 피에르 다르덴은 1990년대 중반 그들의 영화 〈약속La Promesse〉과 상드린 베이세의 〈크리스마스에 눈이 올까요?〉, 브뤼노 뒤몽의 〈예수의 삶La vie de Jésus〉이 주도한 강력한 리얼리즘 물결에 힘입어 주목받기 시작한다. 그리고 1999년 〈로제타〉에 수여된 칸영화제 황금종려상의 후광은 그들을 가장 영향력 있는 영화감독들 중에서도 최상위 반열에 올려놓는다. 지난 20년 동안 그들은 동시대 영화감독들이 거의 하지 못한 일(장 르누아르나 스탠리 큐브릭이 과거에 아주 쉽게 해냈던 일)을 성공적으로 해냈다. 휴머니즘과 인간 해방을 추구하는 영화의 고결한 이상과 대중 영화의 접근성을 결합하는 일 말이다. 켄 로치보다 덜 교조적이고 미하엘 하네케보다 덜 이론적이며 마이크 리보다 덜 일화적인 이들의 영화는 진실주의와 사회주의 그리고 정신주의가 결합된 영화적 전통을 이어간다. 이는 로베르토 로셀리니, 로베르 브레송, 모리스 피알라의 관점을 이어받은 것이라 할 수 있으며, 이러한 관점은 오늘날에도 여전히 압둘라티프 케시시나 로랑 캉테 같은 감독들에게 영감을 주고 있다. 매 영화마다 두 사람은 현대사회의 모순들에 대해 질문을 제기하지만, 사회적 저항의 조건보다는 그것을 방해하는 내적 위기의 탐구에 더 몰두한다. 이들은 세계의 자본화를 규탄하는 데 열중하는 만큼, 우리의 내적인 결함과 도덕적 갈등, 인생의 파란 앞에서의 양심의 문제 등을 탐구하는 데에도 주의를 기울이는 것이다. 현재에도 뤽과 장 피에르 다르덴은 영화 〈언노운 걸〉을 통해 이러한 비타협적인 탐색을 이어가고 있으며, 충격적이면서 동시에 성찰적인 영화, 무관심에 맞서 싸우는 영화, 현대사회의 해악과 개인의 책임 문제에 집중하는 영화를 추구하고 있다.

장 피에르와 뤽 다르덴은 속죄의 영화감독이 아닌, 청산할 수 없는 빚에 대한 영화감독이다. 그들이 만든 상상 세계는 교환, 거래, 암묵적 협상의 관계들로 둘러싸여 있으며, 구원은 영원히 가로막혀 있는 것처럼 보인다. 성스러운 무언가가 결코 멀지는 않지만 늘 손이 닿지 않는 곳에 있기 때문이다. 비극적이지도 희극적이지도 않은 그들의 작은 우주가 숨어 있는, 실존적 난관과 사회적 분노 사이의 이 좁은 공간은 내면의 전쟁을 치르고 있는 인물들로 가득 차 있다. 희망이 부서진 부모, 가출하는 아이, 잘못된 길로 들어선 청소년, 표류하는 어른 등……

세랭Seraing은 바로 이 폐쇄된 우주로, 오직 두 형제에게만 친숙한 작은 회색 풍경의 지역이다. 이 지역의 모든 교차로, 모든 건물 현관, 모든 운하 기슭에서는 사람 사는 냄새보다 사람이 살기 힘든 냄새가 풍긴다. 탄전 개발의 전성기에는 이곳에서 다들 잘 살았고, 심지어 부가 넘쳐

흘렀다. 그러나 1980년대에 찾아온 금속공업의 위기가 세랭 지역에 강한 타격을 입혔고, 리에주 및 에노 분지 지방의 용광로 폐쇄와 철강회사 해체를 불러왔다. 수많은 실업자가 쏟아져 나와 길거리와 술집을 점령했다. 역사에 자부심을 지니던 한 지역, 그러나 언젠가부터 마약, 여성, 심지어 어린이의 밀매매까지 성행하게 된 한 지역이 최후의 고통을 천천히 겪게 된 것이다. 모든 것을 사고, 모든 것을 팔며, 모든 것을 (물론 나쁘게) 협상하고, 모든 것에 (비싼 가격으로) 대가를 치른다.

〈약속〉이 나오기 훨씬 전부터, 다르덴 형제의 영화는 이미 그들의 사상적 스승인 앙리 스톡Henri Storck*의 사회 다큐멘터리영화 전통에 따라 세랭 주민들이 겪은 실추의 감정을 묘사했다. 처음부터 그들의 영화는 노동자들의 기억을 형상화하고 그를 통해 노동운동 전체에 가시성을 부

* 벨기에의 작가이자 영화제작자, 다큐멘터리 영화감독(1907~1999). 벨기에 보리나주 지역의 광부들을 다룬 무성영화 〈보리나주의 비참Misère au Borinage〉 (1933, 요리스 이벤스와 공동 연출)으로 잘 알려져 있다. 고향 오스텐드에 대한 아방가르드 다큐멘터리 작품을 시작으로 다양한 양식의 다큐멘터리영화를 제작했으며, 오늘날까지도 벨기에 다큐멘터리의 아버지로 추앙받는다. 다르덴 형제는 칸영화제에서 〈로제타〉로 황금종려상을 수상하면서 그에게 경의를 표한 바 있다.

여하려는 야망을 지니고 있었다. 그 틀은 이미 정해져 있었다. 감상주의로 방해받지 않는 수행적이며 전투적인 참여 영화, 생존을 위한 문화적 조건의 분석이 유일한 주제인 영화.

다르덴 형제가 안토니오 그람시에게 빚을 졌다면, 그것은 아르망 가티Armand Gatti*의 유산을 통해서이다. 가티는 노동자들에 대한 기억뿐만 아니라 반파시즘 활동과 수용소의 경험을 통해, 지적으로 그리고 정치적으로 그들의 의식 형성에 영향을 미쳤다. 가티의 영향은 두 초보 영화감독에게 또 다른 중요한 준거기준을 낳는데, 바로 나치의 야만과 벨기에의 유대인 추방에 대한 기억이다. 그로부터 전쟁 기간 동안 벨기에인들이 자신들의 책임에 대해 침묵으로 일관했던 것에 맞서는 저항의 감정이 생겨난다. 바로잡을 것, 끝까지 바로잡을 것. 이런 점에서 다르덴 형

*   본명은 Dante Sauveur Gatti. 프랑스의 저널리스트이자 시인, 극작가, 영화감독 (1924~2017). 제2차 세계대전 당시 레지스탕스로 활동했고, 전쟁 후에는 기자로서 프랑스의 노동자 투쟁과 과테말라 군사독재 정권의 원주민 학살을 보도했다. 이후, 여러 편의 영화를 연출했으며 그중 〈소유지L'Enclos〉로 1961년 모스크바영화제에서 은사자상을 수상하기도 했다. 또 희곡작가로도 활발한 활동을 이어갔는데, 1959년 민중극단(TNP)에서 올린 반反부르주아 연극 〈황소 개구리Le Crapaud-Buffle〉는 숱한 논쟁과 스캔들을 낳았다.

제의 작업은 1980년대와 1990년대의 순수한 산물이라 할 수 있다. 홀로코스트에 대한 법제화와 회개의 촉구가 이루어지고, 인류의 위기를 강조하며 해결책을 제시하는 글로벌 자선 운동이 출현한 시대 말이다. 뤽 다르덴은 그의 저서 『인간의 일에 대하여』에서 이에 대해 상세히 설명한다. 그가 보기에, 인간이 맞닥뜨리는 가장 중요한 문제는 죽음에 대한 근원적 두려움과 구별돼야 하는 사망에 대한 두려움과의 대면이다. 그는 이 사망에 대한 두려움을 '인간이 행하는 첫 번째 주관화'로, '존재에 대한 첫 번째 인식'으로 간주한다. 따라서 다르덴의 영화에서 사회적-경제적 죽음은 형이상학적 죽음에 대한 은유라 할 수 있다. 예를 들어, 〈로제타〉에서의 동물적이고 원시적인 분노도 그런 맥락에서 이해되어야 한다.

****

다르덴 형제의 첫 번째 시기(1978~1992)는 이러한 주제적 질주를 추구했지만 결과적으로는 시대의 벽화를 그리려는 야망과 1980년대 미학의 무거움에 짓눌린 영화 〈당신을 생각해요 Je pense à vous〉의 실패로 이어진다. 그 여파로 겪게 된 극심한 예술적 위기에 대해, 뤽 다르덴은 자신의 일기에서 다음과 같은 임상적 방식으로 묘사한다. "현실의 숨쉬기운동을 멈춰야만 이 영화의 이미지와 음악을 상상할 수 있다는 사실에 숨이 막힐 것 같다. 이것은 판타지일 뿐, 은유도 아니다. 중단된 소통, 협착, 막힌 통로. 도와줘! 이 봉쇄된 이미지들, 터질 만큼 꽉 차 있지만 결코 터지지 않는 이미지-음악들, 이 가득 차고 닫힌 이미지들에 맞서, 거품을 터뜨릴 때까지 진동하고 소리 지르고 손과 발을 두드리는 이미지와 소리들에 대한 욕구를 억제할 수 없다. 하나의 구멍. 하나의 프레임"(1991년 12월 9일의 일기).

〈약속〉과 〈로제타〉에 이어 〈아들〉과 〈더 차일드〉가 그 계획을 실현시킨다(1996~2005). 이 영화들은 1980년대 포스트모던 시네마와 그 가식을 쓰러뜨린 네 편의 어퍼컷이었다. 다르덴 형제는 첫 번째 시기의 탐구 주제를 그대로 유지하면서 유럽 영화에 새로운 지평을 여는 데 성공한다. 브레송과 피알라의 유산을 흡수하는 동시에, 신자유주의의 폐해에 대한 가차 없는 묘사를 통해 새로운 리얼리즘의 포문을 연 것이다. 그들이 시도한 가볍고 긴장감 넘치는 카메라워크는 당시 유행에 부합하는 것이었지만(1992년 작품인 우디 앨런의 〈부부 일기〉 참조), 그들은 이 기법을 영화의 모든 양식에 영향을 미치는 일관된 스타일로 발전시킨다. 다르덴 형제는 땅을 파고, 숨기고, 뒤지고, 속

이는 야생 상태의 수수께끼 같은 인물들, 거의 동물에 가까운 인물들의 갤러리를 만들어냈는데, 이들은 사회적 동족포식同族捕食에 강력히 지배당하는 인물들로 상대방을 죽이지 않고 살아남는 것이 주요 과제다.

세 번째 시기는 덜 급진적이다. 〈로나의 침묵〉〈자전거 탄 소년〉〈내일을 위한 시간〉〈언노운 걸〉(2008~2016). 이 시기부터 다르덴 형제는 타인과의 대면뿐 아니라 타인에 대한 사랑을 탐구한다. 이 새로운 탐색이 이전의 탐색보다 덜 힘든 것은 결코 아니지만, 맥락이 변화한다. 여성 캐릭터가 영화의 중심이 되고, 사회구조는 더욱 견고한 것으로 묘사된다. 인물들은 더 이상 카라반이나 작업장, 불법 이민자들의 무단 거주지에 머물지 않고, 세 칸짜리 아파트나 교외의 작은 주택에 거주한다. 또 소규모 회사, 미용실, 동네 병원이 창문을 두드리는 불행에 직면한다. 사람들은 더 이상 밖에 있지 않고 따뜻한 실내에 있다. 관객을 위해, 이전 시기 영화들에서의 고독이 인생의 파란을 겪은 이들에 대한 따뜻한 시선으로 대체되는 것이다. 이러한 패러다임의 변화는 사람들의 마음을 달래고 신이 없는 삶에서 사랑을 추구하는 것에 대해 질문하려는 의지를 반영하며, 궁극적으로는 이전 영화들의 극단적인 폭력성에서 벗어나려는 의지를 나타낸다.

과거 다이렉트 시네마direct cinema*의 강직한 후계자였

지만 점차 자신의 '시골 영화' 3부작에 안주하면서 심지어

프레임 안에서 커피를 마시는 모습까지 보여준 레몽 드파

르동Raymond Depardon**처럼, 다르덴 형제는 그들의 제작 원

칙과 타협해간다. 음악이 다시 등장하고, 일종의 감상주의

가 나타나며, 아카데미상을 수상한 여배우가 지역의 여인

들을 대체하고, 태양이 모습을 드러낸다. 그러나 역시 그

들과 마찬가지로 20년 동안 사회의 사각지대와 그곳을 채

우는 소외된 인류, 즉 결코 받아들일 수 없는 현실을 촬영

해온 드파르동처럼, 이것은 스타 시스템과의 의심스러운

공모를 꾸미거나 화려한 이미지를 탐닉하는 것과는 무관

하다. 그보다 다르덴 형제는 영화 관객의 폭을 넓히기 위

해 노력한다. 도박은 성공한다. 대서양 건너편에서 〈내일

---

*   1958년에서 1962년 사이에 미국과 캐나다 퀘벡 지역에서 발생한 다큐멘터리
      장르. 현실을 직접적으로 포착해 있는 그대로 보여주려는 데 목적을 두며, 감
      독의 개입을 최소화하고 오직 관찰만으로 만들어진다. 기본적인 편집만 수행
      하고, 음악, 음향, 자막, 내레이션, 인터뷰 등을 최대한 배제하는 게 특징이다.

**   프랑스의 사진작가이자 저널리스트, 시나리오작가, 영화감독(1942~). 1963년
      〈베네수엘라Vénézuéla〉를 시작으로 수십 편의 단편 및 장편 다큐멘터리영화를
      만들었고, 1979년부터 매그넘 포토스의 회원으로도 활동하고 있다. 그랑프리
      내셔널 드 라 포토그래피상, 세자르상, 루이-델뤽상, 나다르상 등 여러 상을
      수상했다.

을 위한 시간〉이 놀라운 수상 실적을 거둘 수 있었던 것은 상당 부분 미국에 잘 알려진 배우 마리옹 코티야르의 출연 덕분이었다. 열렬한 개인주의의 나라 미국에 이런 이야기를 수출한 것은 결코 하찮은 성과가 아니다.

****

1996년, 영화 〈약속〉은 엄격한 표현의 틀을 정의하고 이는 곧바로 타협할 수 없는 원칙처럼 제시된다. 그것은 일종의 헐벗은 서사로, 잔인하면서도 파토스를 제거한 줄거리를 제공하며 등장인물의 도덕적 갈등과 정신적 해방을 그려낸다. 철학자 에마뉘엘 레비나스의 독서로부터 깊은 영향을 받은 이러한 내러티브 모델은 사회적 폭력에 대한 냉철한 묘사를 기반으로 하고, 심리적 관례들이나 정치·사회학적인 상투어들을 철저히 배제한다. 이고르의 도주, 그리고 이고르와 아시타의 마지막 대면은 자유의지라는 위태로운 길을 향해 열린다. 다르덴 형제는 브레송의 영화에서처럼 객관성이 주관성을 뒷받침하는 표현 체계 안에서 양심이라는 개념을 강조한다.

그런데 다르덴 형제가 확실하게 현대 영화에 그들의 흔적을 남기게 된 것은 〈로제타〉부터, 정확히는 이 영화의 개봉 시점부터다. 외침, 타격, 문 닫는 소리, 추격전, 주먹다짐. 이것은 순수한 저항의 2분으로, 그 짧은 시간 동안 한 젊은 여성 노동자가 해고에 항의하며 작업장을 돌아다니다가 마침내 경찰에 의해 퇴출된다. 이 단락은 영화 중간에 있었다면 눈에 띄지 않은 채 지나갔을 수 있지만, 오프닝에 등장하는 덕분에 신체적 쇼크에 가까운 효과를 불러일으키면서 하나의 진정한 수사법이 되었다(최근에는 스테판 브리제가 영화 〈아버지의 초상〉에서 이를 모방했다). 스타일적 관점에서는, 숨 가쁠 정도로 극도의 움직임을 이어가는 카메라, 즉 프레임을 잡기보다는 파괴하고 여주인공의 목에 매달려 그녀의 모든 움직임을 따라가는 카메라도 이후의 영화들에 지속적인 영향을 미친다(라즐로 네메스의 영화 〈사울의 아들〉이 대표적인 사례다). 문을 통과하자마자 잘린 컷들, 스크린 한가운데 해파리처럼 떠 있는 로제타의 흰 모자, 급작스러운 고통으로 일그러진 듯한 그녀의 얼굴, 이 복도에서 저 복도로, 한 층에서 다른 층으로, 이 사무실에서 저 사무실로 이어지는 빠른 이동은 관객에게 젊은 여성의 분노가 드라마의 각기 다른 장소들 사이로 삼투하는 듯한 인상을 준다.

이 시퀀스는 관객을 얼어붙게 만들고, 깜짝 놀란 관객을 착취와 투쟁과 방황의 일상, 해고가 진정한 강박이 되어

버린 일상으로 내던진다. 이것은 사회의 밑바닥층에 대한 은유로, 〈약속〉 이전의 영화들을 포함한 다르덴 형제의 필모그래피에서 집요하게 반복된다. 또한 전횡에 대한 항의는 반나치 저항운동에 관한 소실된 다큐멘터리영화 〈나이팅게일의 노래Le Chant du rossignol〉(1978) 이후 다르덴의 모든 영화를 연결하는 공통분모이기도 하다. 따라서 〈로제타〉의 오프닝 시퀀스는 일종의 선언문 같은 역할을 하며, 그것을 넘어서서 그들의 새로운 방식을 알리는 진정한 서막이기도 하다. 영화 한 편 한 편을 통해 만들어지는 그들의 세계 한가운데에 우리를 위치시키는 방식 말이다.

1999년에 발표한 글에서 철학자 자크 랑시에르는 이 오프닝 부분에 대해 언급하면서 로제타가 행하는 투쟁의 브레히트적 차원을 강조한다. 그녀의 투쟁이야말로 아르망 가티의 유산이 세랭의 '수도사 군인'들의 작업에 계속해서 은밀한 방식으로 침투해 분포되고 있다는 사실을 입증한다는 것이다.

〈로제타〉에서 허구적 인물의 완강함과 이미지 및 사운드의 제멋대로인 움직임 사이의 일치는 두 가지 시학과 두 가지 정치학의 경계에서 작용한다. 한편으로, 카메라의 제멋대로인 움직임은 야생적인 여성의 순수한 생명 에너지에, 모든 사회적 대표성 너머에 위치한 소음과 분노로 가득 찬 세계의 순수한 무―의미에 부합한다. 반면, 로제타의 완강함은 단순히 생존을 위해 싸우는 어린 여성의 완강함이 아니다. 그녀의 완강함은 프롤레타리아 계층의 존엄성에 대한 고전적인 모티프의 예시다. 로제타는 사회에서 '진짜' 직업과 자리를 갖고 싶어 하고, 어떤 속임수를 써서라도 그리고 타인의 희생을 통해서라도 그 자리를 확보하고 싶어 하기 때문이다. 또한 그녀가 행하는 추격과 구타의 순수한 행렬은 브레히트적 방식에 대한 우화적 표현이기도 하다. 로제타는 사회가 인간들에게 강요하는 비인간화를 몸소 입증해 보이는 '용기 있는 처녀'*인 것이다. 아울러, 우리를 그녀의 몸에 바짝 밀착시키는 영화의 끊임없는 움직임은 우리의 몸을 투쟁가나 사회학자의 고전적인 몸짓으로 격앙시키면서, 우리가 보고 싶지 않은 이 밀접한 세계 속 거주민의 감각적 경험을 공유하도록 만든다. 그런 식으로, 로제타는 아무것도 의미하지 않는 것의 예술적 힘과 설명이 필요 없는 증언의 명백한 힘을 겸비하게 된다.

---

* 프랑스의 영웅 잔 다르크를 가리키는 표현. 이 글에서는 브레히트가 희곡 『시몬 마샤르의 환상』에서 여주인공 시몬을 통해 잔 다르크를 현대적으로 육화한 것을 암시한다.

랑시에르는 시각적 경험과 사유의 정치적 운동 사이에서 발생하는 긴장을 교묘하게 강조하는데, 이 긴장이야말로, 비록 공허로 통한다 해도, 다르덴 형제의 영화를 처음부터 끝까지 관통하는 것이라 할 수 있다. 가능한 구원은 존재하지 않기에, 사회에 대한 그들의 비전은 인물들의 해방으로도 회복되지 않을 것이다. 로제타, 로나, 시릴 같은 인물들은 어쨌든 고통 속에 머무를 것이기 때문이다. 그들이 갇혀 있는 두꺼운 반죽은 수그러들지 않은 채 계속 그들을 붙잡고 있을 것이다. 이 세계에서 그들에게 남아 있는 일은 스스로에 대해 새롭게 자각하는 것뿐이다.

****

〈로제타〉의 이러한 오프닝에 고전영화의 근원으로 거슬러 올라가는 〈자전거 탄 소년〉의 결말이 대응한다. 성서적인 단순함으로, 이 영화의 결말은 서점 주인의 아들이 어린 시릴을 쫓아가는 과정과 시릴이 그를 피해 나무 위로 올라갔다가 심하게 떨어지는 장면을 보여준다. 서점 주인과 그의 아들은 시릴을 되살리려 노력하지만, 자신들의 행동을 정당화할 수 있는 근거를 생각해내지 못하는 한 구급차 부르는 것을 포기할 수밖에 없다. 그러는 사이,

소년의 휴대전화가 울리고 소년은 잠에서 깨어나 일어선 다음 자신을 괴롭히던 사람들을 무시한 채 다시 자전거를 탄다. 그러고는 거리의 모퉁이를 돌아 사라진다.

다르덴 형제는 이런 식으로 관객의 신경을 자극하면서, 동시에 영화의 고풍스러운 형식을 통해 갑작스러운 깨달음과 같은 결론을 제시한다. 즉 그들은 우울한 현대성으로 위축된 인물들(미켈란젤로 안토니오니의 〈정사〉나 올리비에 아사야스의 〈클라우즈 오브 실스마리아〉)보다 삶으로의 복귀를 선호한다. 이는 채플린의 〈키드〉, 로셀리니의 〈프란체스코, 신의 어릿광대Francesco, Giullare Di Dio〉, 찰스 로튼의 〈사냥꾼의 밤The Night of The Hunter〉을 하나로 합친 것과 같다. 그들은 소년을 그의 영화적 삶으로 그리고 사만다와 관객에게로 되돌려주었다. 장 스타로뱅스키가 『선물Largesse』에서 표현한 것처럼, 전지전능의 정신이 아닌 겸손과 관대함의 정신으로 삶 자체에서 기적 같은 선물을 만들어낸 것이다. 영화가 그 정의상 선물의 예술이라는 점, 꽃을 피우고 열매를 맺은 결과물을 전달하는 예술이라는 점을 우리에게 상기시켜준다.

선물의 개념은 작품에 선행하고 작품을 지탱하는 출처가 모호한 힘으로서, 혹은 작품의 미래로서 작품 안에 존재한다. 세상에 더해지는 작품 자체는 자신의 흔적을 남기려는 어떤 힘, 그 흔적을 가다듬고 그 흔적을 통해 자신을 재확인하면서 더 멀리 확산시키려는 어떤 힘이 밀어낸 것이다. 그렇다, 이 창작물, 가시적인 생산물은 내면의 선물에서 비롯된다. 그것은 예술가가 승인할 경우, 독자나 관객에게 전해지는 마지막 제스처를 통해 제공될 수 있다.*

스타로뱅스키는 이처럼 휴머니즘 미학의 열쇠를 제공한다. 영화감독은 그가 보게 하고 생각하게 하는 것을 통해 일종의 휴머니스트 역할을 수행하는 것이다.

시릴은 어디서 왔을까? 그리고 어디로 가는 걸까? 중요하지 않다. 말하기를 거부하는 아이의 미스터리는 이제 스스로 접히고 닫힌 채 영화와 관객으로부터 벗어나고, 심지어 그의 창작자로부터도 빠져나간다. 그가 스크린을 떠날 때 우리는 베토벤 〈피아노 협주곡 5번〉 제2악장의 애절한 화음을 듣게 되는데, 이 화음은 영화의 엔딩크레디

* Jean Starobinski, *Largesse*, Réunion des Musées Nationaux, Paris, 1994, p. 13. —원주

트가 올라가는 동안에도 계속 이어진다.

뤽 다르덴은 그의 일기에서 네덜란드 다큐멘터리 영화감독 요한 반 데르 코이켄Johan van der Keuken*의 영화 〈헤르만 슬로베, 눈먼 아이Herman Slobbe/Blind Child2〉**에 나오는 한 부분을 언급한다. 감독이 자신의 등장인물에게 작별 인사를 건네며 "잘 가, 근사한 작은 형태여……"라는 문구로 마무리하는 장면. 언젠가 이 결론의 의미에 대한 질문을 받았을 때, 반 데르 코이켄은 이렇게 대답했다.

영화의 모든 것은 형태다. 그 문구를 통해, 나는 다큐멘터리 영화에 대한 관습적인 오해를 비판하고 싶었다. 다큐멘터리 영화는 기록에 속하는 것이 아니며, 실재에 속하는 것도 아니다. 그것은 형성되고 이전된 재료의 한 형태, 즉 허구의 한 형

---

* 네덜란드 영화감독이자 사진작가(1938~2001). 다큐멘터리와 실험영화의 경계를 넘나드는 다수의 작품을 발표했다. 42년의 경력 동안 쉰다섯 편의 다큐멘터리영화를 제작했으며, 사진과 영화에 관한 아홉 권의 책을 집필했다.

** 1966년에 제작된 요한 반 데르 코이켄의 흑백 단편 다큐멘터리영화(29분, 16밀리미터 필름). 전작인 〈눈먼 아이Blind Kind〉(1964)에서는 실명이라는 주제를 다루었지만, 이 영화에서는 전작에 등장했던 헤르만 슬로베라는 아이에 초점을 맞춰 소음으로 가득 찬 환경 속에서 소리에 열광하고 소리를 추적하는 아이의 모습을 담았다.

태일 뿐이다. 그리고 나는 그 문구를 다시 취해 이렇게 말할 것이다. "어쨌든 그는 제가 함께 살았던 사람입니다. 안녕히 가십시오!" 헤르만은 허구에 존재하는 동시에 현실에 존재한다. 내 생각에, 영화를 만든다는 것은 가시적인 현실에서 추출한 이미지들을 기반으로 사유의 한 과정을 가장 진실하고 가장 직접적인 방식으로 구성하려는 시도다. 이상적으로 말하면, 다른 어떤 매체에서도 일어날 수 없는 사유, 즉 움직이는 이미지와 사운드에 관계된다는 사실과 분리할 수 없는 사유 말이다.

"잘 가, 근사한 작은 형태여……" 이것은 물론 다르덴 형제가 시릴에게 건네는 말이기도 하다. 영화에서 빠져나오는 바로 그 순간 현실로 돌아갈 것처럼 보이는, 자전거를 탄 소년에게.

****

1990년대 초부터 뤼크 다르덴은 작업에 관한 일화, 도덕적이고 철학적인 입장, 영감을 주는 인용문들, 내면적 변화 등을 혼합한 작업 일기를 써왔다. 그는 이 일기에 여러 영화의 시나리오들을 더해, 쇠이유 출판사에서 『우리 이

미지들의 뒷면Au dos de nos images』이라는 제목의 책을 시리
즈로 두 권 출판하기도 했다(각각 2005년과 2015년 출간).

이러한 작업은 새로운 것이 아니다. 오즈 야스지로,
안드레이 타르콥스키, 존 부어먼 등 다양한 영화감독이
이미 그날그날 떠오른 자신의 생각을 우리에게 글로 전달
한 바 있다. 특히 브레송은 1975년에 출간한 『시네마토그
라프에 대한 노트』를 통해, 영화감독이자 철학자인 뤽 다
르덴이 사용할 정전과도 같은 모델을 제시했다. 하지만
뤽 다르덴만의 글쓰기 작업을 특징짓는 세 가지 요소가
있다. 영화적 글쓰기 과정의 단계를 나타내는 지점들에
대한 거의 임상적인 묘사. 도덕적 원칙을 세우고 일종의
직업윤리를 만들어내려는 끊임없는 의지. 진행 중인 작업
에 집중하기 위해 영화 너머의 세계와 그 화려함을 거부
하는 경향.

몇 달 동안의 일기를 따라가다 보면, 독자는 때때로
서로 경쟁 중인 영화 프로젝트의 진행 상황을 목격하게
된다. 그중 어떤 것은 주기적으로 되돌아오고, 어떤 것은
영원히 교착상태에 빠지며, 일부는 끝내 실체를 보지 못
한 채 사라진다(에밀리 브론테의 걸작 『폭풍의 언덕』을 각색하

는 프로젝트……). 그러다가 그중 어느 하나가 부각되고 마침내 결실을 맺으며, 그 후로는 촬영과 편집, 영화제 투어가 이어진다. 그리고 필연적으로 의심이 찾아온다. "우리는 '핏불 이야기'를 쓰는 것을 그만두었다. 우리 자신을 반복하고 있는 느낌이다. 앞으로 어떻게 해야 할지 모르겠다. 안 좋은 시기. 이것은 빈 페이지에 대한 불안이 아니라 검은 페이지에 대한 불안, 너무 많이 쓴 페이지에 대한 불안이다. 더 이상 새로운 단어 하나를 쓸 여백조차 없다"(2009년 3월 23일의 일기).

뤽 다르덴의 불안은 우리를 무장해제시킬 만큼 솔직하게, 정면으로 드러난다. "영화는 우리에게 굳게 닫힌 것처럼 보인다. 우리는 로나의 움직임을 이해하지 못하고, 그녀가 이혼을 앞당기겠다는 생각으로 무엇을 얻고자 하는지 이해하지 못한다. 클로디를 구하려는 그녀의 의도도 감지하지 못한다. 인물들 사이에 구축되어 있는 무언가가 제대로 작동하지 않는다. 어쩌면 우리 스스로 너무 긴장하고 너무 흥분해서, 우리가 만든 영화를 제대로 볼 수 없는 건지도 모르겠다. 다음 영화는 달라야 한다. 정말 달라야 한다. 우리는 스스로를 반복하고 있다"(2008년 1월 24일의 일기).

놀라운 점은, 이러한 위기의 시간을 그 어떤 것으로

도 보상받으려 하지 않는다는 것이다. 뤽 다르덴은 스스로를 위한 어떤 성공이나 어떤 행복한 결정도 즐기려 하지 않는 것처럼 보인다. 대신, 그는 신세를 졌다고 여기는 사람들에게 감사의 표시를 전한다. "레옹 미쇼가 대본을 읽어준 덕분에 영화에서 아버지 캐릭터를 삭제했다. 이미 너무 많이 본 캐릭터일 뿐만 아니라, 로제타에 대해 설명하는 캐릭터이기 때문이다. 레옹에게 감사한다"(1998년 3월 2일의 일기). 따라서 이 일기는 두 사람의 공동 작업자뿐만 아니라 영감의 원천이 되었던 이들에게 자신들이 받은 것을 조금이나마 돌려주는 역할을 한다. 때로는 잊고 있던 빚에 대해서도 이야기한다. "리에주에서 지금 작업하고 있는 영화의 준비를 위해 장 피에르 리모쟁과 만났다. 그는 〈로제타〉가 개봉되었을 때 우리가 말했던 것을 상기시켜주었다. 로제타 캐릭터가 요한 반 데르 코이켄의 다큐멘터리영화 속의 한 캐릭터, 즉 〈새로운 빙하기The New Ice Age〉에 등장하는 흐로닝언 출신의 젊은 여성과 닮았다고 한 것 말이다. 기억나지 않지만, 사실이다. 이 젊은 여성은 얼음 공장에서 일하고, 우리 영화의 시작 부분에 등장하는 로제타도 얼음 공장에서 일한다"(2005년 1월 6일의 일기).

주요 사상가들(에마뉘엘 레비나스, 앙리 미쇼, 테오도르 아도르노 등)의 영향을 엿볼 수 있는 『우리 이미지들의 뒷면Au dos de nos Images』은 뤽 다르덴의 지성적 삶에 대해 많은 것을 알려준다. 만족할 줄 모르는 독서가인 그는 들뢰즈, 플로베르, 프루스트, 바르트는 물론 돈 드릴로나 알랭 바디우와 같은 현대 저자들을 찾아내고 재발견한다. 또한 벨기에 시네마테크 루아얄의 열렬한 애호가인 이 영화감독은 F. W. 무르나우의 〈선라이즈Sunrise: A Song of Two Humans〉나 프리츠 랑의 〈문플릿Moonfleet〉에도 열광한다. 미국 고전영화들도 영화적 모델 역할을 하는데, 벨기에 다큐멘터리 유파보다 옛 할리우드의 활기찬 소규모 스릴러영화에 더 빚을 진, 영화 〈더 차일드〉와 〈로나의 침묵〉에 사용된 특정한 극적 장치들에 대해 조금 더 잘 이해할 수 있게 된다(새뮤얼 풀러의 〈미국의 암흑가Underworld USA〉에 대한 찬사를 참조할 것).

이 인터뷰집은 그러므로 다르덴 형제의 영화에 대한 필수적인 보완 자료가 될 것이다. 독자들은 물론 뤽이 그의 형을 대변한다는 것을 알고 있겠지만, 장 피에르가 무엇을 말하는지도 알고 싶을 것이다. 두 사람을 묶는 협약 같은 것이 뤽의 일기에는 나타나 있지 않기 때문이다. 게다가 몇 편의 시나 우리가 전혀 모르는 여성들에 대한 수수께끼 같은 언급에도 불구하고, 일기에서 진정으로 내적이거나 개인적인 것을 발견하기는 어렵다. 이번에 우리가 출간하는 미셸 시망과의 인터뷰들은 바로 그 점에 관심을 두고 있다. 인터뷰들은 〈언노운 걸〉을 제외한 지난 20년간의 그들 영화 전체를 다룬다. 대부분 프랑스 퀼튀르 라디오방송의 '사적인 시사회' 프로그램의 일환으로 녹음된 이 인터뷰는 그 어떤 것도 분리할 수 없고 근본적으로 하나의 인격, 하나의 예술가, 하나의 개인을 형성하는 것처럼 보이는 두 사람 사이의 놀라운 동질성을 이해하게 해준다('사적인 시사회' 프로그램은 그 후 방송사의 결정에 따라 폐지되었다). 그들 사이에서 최소한의 불균형, 최소한의 서열의식, 최소한의 미묘한 차이, 최소한의 거리라도 찾아보려 애쓰는 것은 부질없는 일이다. 수많은 작업 비밀 중에서 이것이 그들이 우리에게 기꺼이 털어놓을 수 있는 최후의 비밀이다. 그 외의 다른 비밀들은 이 책 안에 있을 것이다…….

뱅상 로위

서문을 쓴 뱅상 로위는 프랑스의 영화 역사가이자 여러 다큐멘터리영화를 연출한 감독이다. 『다르덴 형제』의 편집 및 감수에 참여했다.

차례

나는 악수가 있는 영화를
만들 수 있기를 희망한다.

인터뷰

영화 〈더 차일드〉에서

〈더 차일드〉에 대하여

2005

뤽 다르덴 감독님, 최근에 쇠이유 출판사에서 주목할 만한 책 『우리 이미지들의 뒷면』을 출간하셨습니다. 1991년부터 지금까지 15년 동안 기록하신 메모들에 〈아들〉과 〈더 차일드〉의 시나리오를 더한 책인데요. 〈약속〉이후 영화를 촬영하고 준비하는 기간 동안에 쓰신 메모들도 포함하고 있습니다. 이 책에서 형 장 피에르 감독님에 대해서도 말씀하시는 것 같은데요.

LD 네, 맞습니다. 책의 내용은 대부분 저희의 대화와 생각을 기록한 메모들이에요. 1991년 저희가 만든 영화가 실패라고 판단한 후부터 이 메모를 쓰기 시작했습니다. 그때부터 저희는 영화로 만들고 싶은 것이 무엇인지 이해하려고 노력해왔죠. 이 메모들은 그런 노력에서 비롯된 것입니다.

감독님의 책은 두 분이 진정한 예술가로서 세계에 의구심을 갖고 스스로에게 질문을 던지고 사물들의 의미에 대해 재고한다는 점에서 겸손함으로 가득 차 있습니다. 그리고 놀라운 점은, 사실 두 분이 부정하지 않아도 될 만한 다큐멘터리영화들을 만드셨고 전문 배우들과 함께 〈당신을 생각해요〉라는 영화를 만들었음에도 두 분은 그 작품들을 부정하거나 적어도 만족스러워하지 않는 것처럼 보인다는 것입니다.

JPD 그 이야기는 하고 싶지 않습니다. 정말이지 그 영화에 대한 이야기는 이제 지겨워요! (웃음)

두 분께 이 영화에 대한 이야기를 부탁드리는 건 아닌데요. 하지만 1991년 초반의 글에 "현실의 숨쉬기운동을 멈춰야만 이 영화의 이미지와 음악을 상상할 수 있다는 사실에 숨이 막힐 것 같다"라는 문장이 있습니다. 바로 이 문장이 새로운 영화의 출발점이 되었나요?

JPD 예전에 그렇게 영화를 만들었었죠……. (웃음)

LD 맞아요. 예전에는 그렇게 영화를 만들었습니다. 저희가 저희 내면의 두려움에 마비되어 있었기 때문인 것 같아요. 영화계에서 저희가 전에 했던 것들에 대해, 그리고 비디오 영화*를 만드는 이들에 대해 하는 말들을 거의 무의식적으로 내면화했던 것 같습니다. 저희는 좋지 않은

---

* 극장 상영용이 아닌 자료용이나 TV 방송용으로 만든 영화.

다르덴 형제

의미에서 초보 아마추어에 불과했죠. 영화는 신중한 작업인데 말이죠. 그러던 중 상대적으로 정상적인 조건에서 영화를 촬영할 기회를 얻었고, 저희는 나중에서야 그것이 신중한 작업이라는 것을, 영화가 신중한 작업이라는 걸 깨닫게 되었습니다……. 따라서 재앙은 피할 수 없었습니다.

또한 책에서 두 분이 영화계와 자주 교류하지 않는다고 쓰셨습니다. 지난 15년 동안 두 분의 작업에서 눈에 띄는 점은 바로 이러한 일관성, 이러한 엄격함이죠. 두 분처럼 매우 적은 예산으로 영화를 만들기 시작한—〈약속〉이 두 분의 첫 번째 영화라는 점을 인정하기로 하고요—감독들이 있습니다. 그들은 점점 더 명성이 높아지고, 점점 더 큰 성공과 영광을 얻게 되죠. 두 분도 지금까지 두 번의 황금종려상을 수상했고, 그로부터 많은 것을 얻으셨습니다. 그런데 성공과 함께 다른 체제, 즉 다른 제작 방식으로 넘어가면서 어떤 면에서 부르주아가 되는 감독들이 있습니다. 두 분의 영화에서 놀라운 것은, 이와 달리 항상 소박한 제작 및 촬영 조건을 유지해왔다는 사실이죠.

JPD 그것은 저희가 기획하는 영화 프로젝트가 저희만의 고유한 경제 구조를 창출하기 때문인 것 같습니다. 저희는 그러한 경제 구조 안에서만 잘할 수 있기 때문이고요. 영화 프로젝트가 거짓이 되면, 경제적 관점에서 처음부터 거짓이 되면, 결국 그것은 재앙으로 이어집니다.

LD 저도 형의 의견에 전적으로 동의합니다. 저희는 저희만의 작업 방식을 가지고 있으며, 저희의 방식은 이런 유형의 예산에 적합합니다. 언젠가 저희가 다른 영화를 만들면 알게 되겠지만, 지금은 이것이 저희의 작업 방식이고 영화의 경제 구조도 그것의 예술적 측면과 일치한다고 믿습니다.

철강업 위기 등으로 큰 타격을 입은 리에주 남부 교외의 '세랭'이라는 지역에 두 분이 항상 애착을 지니고 계시다는 점도 눈에 띕니다. 〈더 차일드〉는 한 젊은 커플의 이야기인데요. 그중 어린 청년은 마약 등을 거래하는 일종의 비행 청소년인데, 이제 막 태어난 자신의 아이를 곧바로 팔아넘기죠. 그로 인해 위기가 발생하고요. 이 이야기의 이면에 어떤 배경이 있나요, 뤽 감독님?

LD 세랭이라는 도시는 저희가 유년기와 십대를 보낸 곳입니다. 한때 매우 번영했지만 1970년대 들어 경제위기로 무너져버린 곳이죠. 그때 많은 사람이 일자리를 잃었고, 도시에서는 더 이상 노동자가 보이지 않고 대신 부랑자들, 떠돌아다니는 이들이 보이기 시작했어요. 그들은 대부분 혼자 사는 외톨이였고요. 저희 영화는 그곳에서 시작된 것 같습니다. 저희가 실제로 그곳 출신이기도 하니까요. 하지만 저희 자신조차 늘 그것을 인식하고 있던 것은 아니었습니다. 로제타가 화면의 중심에 배치된 주변부 인물이라는 말을 들을 때까지만 해도, 그렇게 분명한 사실임에도, 그것을 깨닫지 못했어요……. 특히 미국에서 관객들이 "두 분이 화면에 배치한 이 사람들은 저희가 평소에 보지 못하는 사람들인데요……"라고 말할 때까지도요. 저희 인물들이 모두 주변부 출신이고 사회가 주변부로 밀어낸 사람들이라는 사실을 분명하게 깨달은 건 〈로제타〉 이후의 일입니다.

장 피에르 감독님, 아기를 파는 행위 말인데요. 이 행위는 분명히 극도로 끔찍한 것이지만, 충격적인 점은 이 행위가 특히 우리 사회에서, 서구 사회에서 일어났다는 것입니다. 비참한 빈곤이 있는 아프리카 국가나 아시아 국가들에서 이런 종류의 일, 즉 아이들을 사고파는 일이 있다는 것에 대해서는 자주 들었었죠. 하지만 여기서, 유럽의 한복판에서 이런 일이 일어나고 있다는 것은…….

JPD 네, 그렇습니다. 그리고 전작들에서도 그랬듯이, 저희는 인물에게 정상참작 할만한 상황을 주지 않으려고 노력했습니다. 정상참작 할만한 상황이 있는 영화보다 더 나쁜 것은 없으니까요. 브뤼노는 경제적으로 그런 행동을 해야 할 이유가 전혀 없고, 그럴 필요도 없습니다. 지금처럼 살기 위해서라도 그럴 필요가 없어요. 그의 주장처럼 그가 경제적인 불안정 속에 사는 것은 사실이지만, 나름대로 즐기며 살고 있고 자신의 아이를 팔아야 할 경제적 필요는 전혀 없습니다. 그러니까 끔찍한 사실은, 그의 행동을 설명할 길이 없다는 것입니다. 그가 어떤 것에도 연결되어 있지 않아 자신이 한 일이 무엇인지를 깨닫지 못한다는 것과 대부분의 동시대 사람들과는 외관상 다른 곳에서 살고 있다는 것 말고는…… 어쨌든 그는 한 번도 자신의 아이를 살펴보지 않았고 제대로 본 적도 없기 때문에, 아이는 그에게 존재하지 않는 것과 같습니다.

이 영화는 분명히 어두운 영화이지만, 두 분이 평소 작업하시는 스타일과 달리 블랙 유머의 지점들이 있습니다. 가령 브뤼노는 망연자실한 아내에게, 즉 아이를 낳자마자 바로 잃어버린 엄마에게 "뭐 괜찮아, 아이는 또 낳으면 되지"라고 말하죠. 이것은 마치 하인들에게 배가 고프면 그들 자신의 아이들을 먹으라고 조언한 조너선 스위프트 같기도 합니다……* 또는 다리앙이 『도둑Le Voleur』**에서 "네 손톱을 깨물

---

* 아일랜드 작가 조너선 스위프트의 풍자적 에세이 『겸손한 제안A Modest Proposal』(1729)에 등장한 표현. 당시 극심한 가난과 기아에 시달리던 아일랜드의 현실을 고발하면서, 이렇게 굶주릴 바에야 어차피 굶는 아일랜드의 아이들을 영국 지주들의 식량으로 판매하자는 반어적 주장을 담고 있다.

** 1897년에 출간된 조르주 다리앙의 소설. 아나키즘이 확산되던 19세기 말 무렵 파리를 배경으로 하며, 부르주아계급으로부터 훔친 돈과 증권으로 살아가는 한 도둑의 이야기를 다루었다. 당시 부르주아사회의 도덕, 법, 종교에 대한 성찰을 보여준다고 평가받는다.

지 말고 남의 손톱을 깨물어라"라고 말한 것과도 비슷하고요. 뤽 감독님은 과거 메모에서 언젠가 한번은 코미디를 만들어보고 싶다고 언급하기도 하셨죠.

LD 아마도, 언젠가는 그럴 수 있겠죠. 그런데 다시 말하지만, 브뤼노는 자신이 한 일에 대해 인식하지 못하는 사람입니다. 이 아이를 팔면 연인인 소니아의 사랑을 잃을 수도 있다는 것을 생각조차 하지 못하죠. 돈을 더 좋아할 거라고 생각하는 것, "내가 아기를 팔아서 번 걸 봐봐"라고 그녀에게 말하는 것도 마찬가지예요. 그는 정말 다른 세계에 있습니다. 이 영화에서 저희는 어떻게 하면 그가 한 번도 갖지 못했던 아이에 대한 감정을 발견할 수 있을지, 혹은 감정이 생길 수라도 있을지에 대해 이야기하려 했습니다.

장 피에르 감독님, 인물들에 대해 얘기하신 것과 관련해 전혀 동정을 원하지 않는다고 하셨는데요. 뤽 감독님도 한 메모에서 이런 문장을 남겼습니다. "희생자가 아닌 한 명의 인간을 촬영하는 것은 인간에 대한 경멸에 대항하는 영화적 저항 행위가 되었다. 희생자 미학 속 이미지들의 그 병적인 연민에 담긴 경멸 말이다." 실제로 두 분의 영화에서 놀라운 점은, 예외적이고 극단적인 비탄의 상황들이지만—때때로 이것 때문에 '사회적 참상 묘사주의'라고 잘못 얘기되기도 합니다—, 동시에 일종의 삶의 의지와 저항이 있다는 사실입니다. 맞서

싸우는 인물들, 체념하지 않는 인물들이라는 거죠. 저는 이 점이 바로 〈로제타〉의 특징, 그리고 〈아들〉과 〈더 차일드〉에 등장하는 인물들의 특징인 것 같습니다.

JPD 네, 인물이 정상참작 가능한 상황에 놓이면 우리가 그를 연민 안에 가둘 수 있다는 말씀이신 거죠? 인물들에 대해 가볍게 눈물 흘리고, 우리 자신에 대해 눈물 흘리고, 타인의 불행에 대해 눈물 흘리는 것이 오늘날 텔레비전의 중요한 특징이 되었습니다……. 저희에게 중요한 것은, 저희가 촬영하는 인물들이 속을 알 수 없는 불투명한 존재여야 하고, 살아 있는 실체들이어야 한다는 것입니다. 그들이 살아 있으려면 개인의 두께, 인간의 두께를 지녀야 하고, 따라서 자신의 행동에 책임도 져야 하죠. 그들에게서 그 책임을 제거하면 안 되는 거고요. 그렇지 않으면, 관객은 한 시간 반 동안의 여정에 그들과 동행할 수 없습니다. 이런 이유로, 저희는 저희의 인물들이 자신이 한 일에 책임을 지길 바라고 알 수 없는 사회적 조건을 들먹이며 변명하지 않기를 바랍니다. 물론 그들은 그들이 살고 있는 사회적 조건의 산물이지만, 그렇다 해도 그건 한 가지 사실일 뿐입니다. 다른 한편으로, 이 영화에서도 저희는 어떤 힘든 일이 일어나더라도 인물들이 살아 있는 존재가 되도록 노력했고 관객이 영화를 통해 그들의 내면적 삶을 느낄 수 있도록 노력했습니다. 그런 반응이 일어날지 안 일어날지는 또 다른 문제지만, 어쨌든 저희는 촬영하는 동안 매일 그 점을 유지하려고 노력했어요.

LD 맞습니다. "보시다시피, 그의 상황은 정상입니다. 그 일은 일어날 수밖에 없었죠"라고 말하면서 인물에게 희생자의 정당성을 부여하지 말아야 합니다. 그것이 요즘 추세이긴 하지만요……. 이미 〈아들〉에서 그런 경험을 한 적이 있습니다. 아이가 다른 아이를 죽이는 장면에서 사람들은 '고의로 그런 건 아니겠지……'라고 생각하지만, 영화는 그 반대를 얘기하죠. 이런 사건도 요즘은 꽤 흔한 일이 되었고, 우리가 할 수 있는 일은 별로 없습니다.

두 분이 동력으로 삼는 철학은 이성의 비관주의와 의지의 낙관주의에 대해 얘기한 이탈리아 철학자 그람시의 유명한 문구*를 떠올리게 합니다. 두 분의 영화가 약간은 그것을 표현하고 있다고 할 수 있는데요. 현실은 있는 그대로일 뿐이고, 재미없고, 모든 시대에 그렇지만 특히 오늘날에 더 그러하기 때문에, 두 분의 영화에는 실제로 현실의 어두운 면이 존재합니다. 하지만 그와 동시에, 두 분의 영화에는 낙관적인 의지도 구현되고 있습니다.

* "이성으로 비관하되, 의지로 낙관하라."

LD 인물의 의지를 말씀하시는 건지는 모르겠지만, 아무튼 저희 영화에는 흥분과 속도가 있고 무언가가 일어납니다. 조금 아까 인물들이 맞서 싸우고 있다고 말씀하셨는데, 맞아요. 그들은 또한 그들 자신 안에서도 싸우고 있습니다. 내면의 모든 움직임이 그 청년으로 하여금 자신 앞에 한 아이가 있고 인간은 상품이 아니라는 사실을 깨닫도록 이끄는 거죠. 하지만 청년 안에서 일어나는 내면의 움직임은 그의 의지에 달려 있는 게 아니라 상황에 달려 있습니다. 지금 발생하고 있는 것들, 그가 대답해야만 하는 질문들에 달려 있죠. 저희는 이러한 것들이 말이 아니라 몸짓과 행동을 통해 표현되도록 노력합니다. 브뤼노가 절도 파트너인 어린 소년 스티브와 함께 그 사건을 경험할 때, 브뤼노에게서 일어나는 일이 말이나 대사 혹은 의식 속에서 발생하는 것이 아니라, "아 그래, 이제 알겠어"라고 말하는 것 같은 그의 눈빛을 통해 나타난다는 걸 표현하기 위해 노력합니다. 저희는 보이지 않는 것 혹은 잠재적인 것이라 할지라도 무언가가 일어나고 궁극적으로 인물의 변화를 일으키기를 희망합니다. 관객이 인물과 거리를 두지 않은 채 "그래, 그는 변하고 있어"라고 말하면서, 인물의 내면에 동행할 수 있기를 희망합니다. 아니, 인물의 내면에서 무슨 일이 일어나고 있는지 제대로 이해하

다르덴 형제

지 못할 때에도 저희는 인물 안으로 들어가 그의 뱃속에서 살려고 노력하고, 그와 함께 발전하고, 그와 함께 움직이려고 노력합니다. 이것이 반드시 발전이 될지는 모르겠고, 저희의 시도가 매번 통하는지도 모르겠지만, 어쨌든 저희는 인물의 내면에서 일어나는 움직임을 함께 경험하려고 노력합니다.

장 피에르 감독님, 한때 이 영화의 제목이 '속죄'가 될 예정이었기 때문에, 두 분이 받은 교육이 영화에 어떤 영향을 미쳤는지 알고 싶었습니다. 두 분은 생마르탱 중학교의 학생이었고 가톨릭 교육을 받았죠. 두 분의 영화에는 속죄라는 개념, 즉 개인적인 행동의 가능성과 개인의 책임에 대한 개념이 들어 있는 것 같습니다.
JPD 속죄, 그것은 굉장히 큰 말인데요.

아, 각 영화마다 조금씩 속죄가 있습니다. 전작인 〈아들〉에서는 살인한 소년이 어떻게 보면 속죄를 통해 자신의 삶을 회복하고 싶어 하고요. 이 영화에서는 아기를 팔아넘긴 아버지가 속죄를 통해 아내의 사랑을 되찾고 싶어 합니다. 〈로제타〉에서도 마찬가지이고요. 어쨌든 이 인물들은 영화의 시작과 끝에서 같은 인물이라고 할 수 없죠.
JPD 네, 같은 인물이 아니죠. 그들 안에서 무언가가 달라졌습니다. 동생과 제가 자주 하는 얘기는 그들이 누군가

를 만났다는 겁니다. 영화가 끝날 때 그들은 처음보다 덜
외롭습니다. 로제타는 매우 외로운 사람인데, 마지막에 리
케가 반드시 적이 아니라는 것을, 그녀가 관계를 맺을 수
있는 사람이라는 것을 깨닫게 되죠. 인물들은 자신도 모
르게 다른 사람과 관계를 형성하려고 애쓰는데, 그것은
그들이 외롭기 때문입니다. 그게 저희가 보여주려고 하는
것이죠. 거기에 말씀하신 또 다른 층을, 즉 내적인 영향을
추가한다면, 바로 저희를 그 학교에 보내기로 결정한 아
버지의 영향입니다. 실제로 저희는 가톨릭 가정 출신이고
벨기에의 가톨릭 네트워크에 속해 있는데요. 그래도 저희
가 살던 지역의 가톨릭 가정에서는 몇 가지 선택지가 있
었습니다. 벨기에에서 가톨릭의 지위는 프랑스와 같지 않
다고 생각하는데, 우리 나라에서 가톨릭은 여전히 사립
교육이 아닌 공립 교육 영역에 속해 있죠. 저희 동네 반대
편의 도시에는 중산층과 서민층이 다니는 가톨릭 중학교
가 있었습니다. 저희 아버지는 아주 어렸을 때 그곳에서
공부했는데 그곳에 대해 끔찍한 기억을 간직하고 계셨죠.
그래서 아버지는 저희가 세랭에 있는 생마르탱 중학교에
가기를 바라셨습니다. 아시다시피, 생마르탱 중학교는 아
버지와 종교라는 망토를 공유하고 있었죠. 그리고 보니
〈망토Le Manteau〉라는 신문도 있었네요. 아무튼 아버지는

다르덴 형제

저희가 공립학교에 다니는 게 문제될 게 없다고 생각하셨고, 저는 아버지가 옳았다고 생각합니다. 그 학교는 세상을 향해 열려 있었고 그곳에서 다양한 사회적 배경을 가진 친구들을 만날 수 있었으니까요. 동시에 그곳은 저희가 장 뤽 고다르, 브레송, 프랑수아 트뤼포의 초기 영화들을 본 곳이기도 하고, 영화를 사랑하고 시네 클럽을 운영하는 선생님이 계셨던 곳이기도 합니다. 그때 저희가 그 학교에 가지 않았다면 어떻게 되었을까 하는 생각이 들기도 하죠……. 저희가 사는 지역에서는 그런 영화들을 볼 기회가 거의 없었거든요. 결국, 이야기가 생마르탱 중학교에서 영화로 이어졌네요. (웃음)

그러네요. 뤽 감독님, 두 분의 아버지와 관련된 것이기도 한데, 흥미로운 점은 시나리오에서 아버지가 사라진다는 것입니다. 감독님은 "〈로제타〉에서 아버지는 사라졌다"라고 노트에 적었고, 〈아들〉에서도 범죄를 저지르는 소년의 아버지가 부재합니다. 이렇게 아버지의 성姓을 지우는 방식은 어디에서 비롯되는 것일까요?

LD 그것은 저희가 저희 영화 속 인물들을 조금은 낯선 사람처럼 보이게 하려고 노력하기 때문입니다. 길거리에서 우연히 만났지만 이해해보려 하는 상대처럼 말이죠. 시나리오의 초고를 쓸 때마다, 인물과 아버지의 관계를 묘사

할 경우 그것이 항상 인물의 행동에 대한 설명을 제공한다는 느낌을 받습니다. 그래서 그 관계는 삭제해버리죠. 어쨌든 그런 이유 때문에 의식적으로 삭제합니다. 어쩌면 저희가 통제할 수 없는 다른 이유도 있겠지만, 그건 다른 문제이고 저희의 문제는 아닙니다. 저희는 매번 생각합니다. '아버지를 등장시키면 사람들은, 남성 관객이든 여성 관객이든 직접 설명을 투사해보겠지.' 왜냐하면 사람들에겐 항상 과거를 통해 현재를 설명하려는 경향이 있기 때문입니다. 아버지를 통해서는 더욱 그렇죠. 그렇기 때문에 저희는 아버지와의 관계를 제거하려고 노력합니다. 물론 이것이 부재처럼 느껴질 수도 있을 거예요. 어쩌면 저희는 그 부재를, 아버지의 실종을 찍는 건지도 모르겠습니다……

장 피에르 감독님, 조금 전에 인물이 타인과 접촉을 시작하는 영화의 결말들에 대해 언급하셨습니다. 이것은 "나는 악수가 있는 영화를 만들 수 있기를 희망한다"라는 뤽 다르덴 감독님의 문장과 비슷한 의미로 들리는데요.

JPD 이 영화에서는 처음으로 인물들이 서로 직접적으로 접촉합니다. 신체적인 접촉이 없었던 〈아들〉과 〈로제타〉와 비교하면, 여기에는 있는 거죠. 글쎄요, 제가 이 이야기를 하면 영화의 결말을 말하게 되겠는데요…….

결말을 얘기하시면 안 되죠. 저는 조심했습니다. 안 됩니다, 비난의 편지를 수천 통 받고 싶지 않아요. (웃음)

JPD 사실, 영화가 그런 거죠. 영화는 당신에게 던져지는 그 무엇입니다. 바다에 버려지는 병 같은 것이 아니고요. 화면 속 인물들은 관객에게도 손을 내밉니다. 관객이 이 악수를 이해하게 될까요? 저희가 제시하는 것은 인간이 겪는 일들이기 때문에, 그 맥락 안에서 저희는 관객도 온전한 한 명의 인간이며 인물들이 겪는 이야기와 비슷한 일을 겪고 있다고 간주합니다. 그러므로 그것은 악수가 되는 거죠.

〈더 차일드〉의 이야기는 어떻게 탄생했나요? 처음에는 유아차가 있었던 것 같은데요, 뤽 감독님?

LD 네, 바로 그거예요. 유아차가 있었어요. 그 장면이 기억에 남았습니다. 몰리네이라는 세랭의 한 거리에서 〈아들〉을 촬영하고 있을 때였어요. 저희는 며칠 동안 한 소녀가 유아차를 아주 거칠게 밀고 다니는 것을 목격했죠. 저희는 '그래도 아이가 타고 있다면 저렇게 세게 밀 수 없겠지'라고 생각했는데, 실제로 아이가 타고 있었습니다. 그 여성을 봤을 때는 자신이 밀고 있는 아이를 찾고 있는 듯한 인상을 받았고요. 그래서 다음 영화를 논의할 때 이 소녀에 대해 많은 이야기를 나누게 되었고, 어느 시점에서 저희는 아이가 하나 있고 아이 아빠를 찾아 거리를 헤매는 소녀의 이야기로 영화를 만들 수도 있겠다고 구상하게 되었습니다. 그가 누구이건, 나이가 어떻게 되건, 절대적으로 아이의 아빠를 원하는 소녀의 이야기 말이죠. 그렇게 해서, 영화에서도 실제로 그 장면을 보여주게 되었습니다. 이 소녀가 저희에게 깊은 인상을 남긴 것이죠. 그리고 이 영화의 촬영을 시작하기 전에 한 사진작가가 프랑스 신문에 실을 사진을 찍으러 왔었는데, 〈아들〉의 개봉을 위한 것이었습니다. 이상한 점은, 그 사진작가 역시 저희가 촬영한 지역에서 사진을 찍을 때 유아차를 밀고 있는 그 소녀를 찍었다는 거죠. 그가 저희에게 자신이 찍은 사진 샘플 몇 장을 보내주었는데, 거기에 그 소녀가 있었습니다. 이 사진들은 물론 그녀에 대한 기억을 되살아나게 했죠. 이상한 일이었어요…….

장 피에르 감독님, '다르덴 패밀리'라고 부를 수 있는 배우들이 있습니다. 〈약속〉과 〈아들〉에 출연했고 〈더 차일드〉에서는 경찰 역을 맡은 올리비에 구르메가 있고요, 〈아들〉에서 아주 어린 모습으로 등장

　　　　　　　　　　　　　　　　　　다르덴 형제

영화 〈더 차일드〉 스틸컷

했고 이번에 두 분의 영화에 다시 출연한 제레미 레니에가 있습니다. 특히 어떻게 제레미에게 이 역을 맡길 생각을 하시게 되었나요?

JPD 맨 처음에는 그에 대해 생각하지 않았습니다. 더구나 동생이 말했듯이, 이 영화는 한 소녀를 중심으로 시작되었기 때문이죠. 나중에 브뤼노가 중심인물이 되었지만, 저희는 누구에게 그 역을 맡길지 몰랐습니다. 지금 생각해보면, 소니아에 대해서는 캐스팅을 해보고 누군가를 발굴해보자 정도까지 생각했던 것 같습니다. 하지만 브뤼노에 대해서는 서로 전혀 얘기를 나누지 않았어요. 서로 한마디도 주고받지 않았죠. 마치 이미 저희를 기다리는 누군가가 있고 단지 저희가 아직 그를 모를 뿐인 것처럼요. 그러다가 동생이 어떤 장면을 쓰던 중에 제레미와 그의 웃음에 대해 생각하게 되었고 그에 대한 기억을 떠올리게 되었습니다. "그래, 제레미가 좋을 것 같아." 저희는 서로 얘기를 나눴고 그를 만나러 갔습니다. 저희의 유일한 걱정은 제레미가 인물보다, 즉 배역보다 나이가 더 많다는 것이었죠. 저희는 그가 그 나이로 보일 수 있을지 판단하기 위해, 다른 영화를 통해 알아보기보다는 직접 만나보기로 했습니다. 브뤼셀에서 약속을 잡아 그를 만났고, 만나고 나서는 확신이 들었습니다. 서로를 바라보며 "자, 그에게 제안해보자……"라고 말했죠. 배역에 대해 먼저 얘

기하지 않은 이유는, "자네를 위한 역이 있네"라고 말했다
가 만약 저희 눈에 그가 더 나이 들어 보이면 "안 되겠네"
라고 다시 말해야 했기 때문입니다. 그를 실망시키고 싶
지 않았거든요. 동생과 저는 제레미가 배역의 나이에 맞
게 보일 수 있다는 데 합의한 후, 이렇게 말했습니다. "제
레미, 다음 영화에서 자네에게 맡길 배역이 있네. 주인공
역할인데, 관심이 있을까?" 제레미는 흔쾌히 수락했습니
다. 저희는 그에게 시나리오를 건넸고 그다음에 바로 작
업이 시작되었습니다.

**제레미는 물론 잘 아시는 배우이지만, 신인배우나 비전문 배우
등을 자주 기용한다는 것은 진주를 찾아내기 위해 엄청난 테스트를
시행해야 한다는 것을 뜻합니다. 〈더 차일드〉의 데보라 프랑수아나
〈로제타〉의 에밀리 드켄 같은 배우처럼요. 어떻게 테스트를 진행하시
나요? 예를 들어 엘리아 카잔이 그랬던 것처럼, 테스트를 하지 않고
누군가와 마주 앉아 대화를 나누면서 그 사람에게서 역할을 찾아내
는, 다시 말해 그 사람이 내면에 지니고 있는 역할을 알아내는 감독들
이 있고요. 드라마투르기에 충실한 훨씬 더 고전적인 방식의 테스트,
즉 대사를 말하게 하는 테스트도 있습니다. 장 피에르 감독님과 뤽 감
독님, 두 분은 어떻게 작업하시나요?**

LD 저희의 작업은 매우 신체적인 작업입니다. 다시 말해,

저희의 캐스팅은 일종의 공연이죠……. 저희는 200명의 젊은 여성 지원자들을 받고, 카메라 어시스턴트인 친구와 함께 비디오카메라를 들고 번갈아가며 여배우 또는 미래의 여배우를 촬영합니다. 한 명당 20분 정도 작업하죠. 앉아 있고, 가만히 있고, 걷고, 돌아서고, 뛰고, 때리는 등의 행위는 매우 신체적인 일입니다. 약간의 대화가 섞여 있는 매우 신체적인 일이죠. 목소리를 간직하는지, 즉 목소리가 몸 안에 남아 있는지 아니면 다른 곳으로 날아가는지 알아보기 위해 약간의 테스트를 하지만 너무 많이 하지는 않습니다. 그렇게 해서 200명의 지원자 중 열 명 정도를 간추립니다. 그러고는 시나리오에 있는 장면이 아니라 부수적으로 더해진 장면, 즉 어느 정도 유사한 장면으로 작업하기 시작합니다. 여성 지원자 전부가 저희의 시나리오를 알게 되는 것을 원하지 않기 때문이고, 그중 누구를 뽑을지도 모르기 때문이죠. 시나리오 속 장면은 아니지만 동일한 쟁점을 지닌 장면들로 그렇게 연기 테스트를 시작합니다. 그리고 누가 소니아가 될지 감을 잡기 시작하죠. 마침내 두 명이 남게 되고, 그중 한 명을 선택합니다. 하지만 마지막 두 명의 지원자와는 정말로 시나리오 전체를 작업합니다. 거의 이틀 내내 작업하는 셈이죠. 그런 다음, 최후의 한 명과 함께 한 버전과 다른 버전을 시도하고, 이런 식으로 해봐라, 이렇게 하는 대신 저렇게 해봐라, 하고 시킵니다. 그러면서 그녀의 반응을 살피죠. 그다음엔 다양한 의상을 시험해봅니다. 그녀가 어떻게 움직이는지 보기 위해 바지를 입어봐라, 치마를 입어봐라, 탱크톱을 입어봐라, 재킷을 걸쳐봐라 하고 말하죠. 그다음엔 헤어스타일도 테스트합니다……. 이처럼 아주 오랫동안 작업을 하는데, 마침내 어느 순간 그녀가 저희 둘 모두에게 소니아로 혹은 로제타로 나타나는 것을 느끼게 됩니다. 시간이 걸리는 작업이죠. 아마도 아까 말씀하신 것, 배우에게서 인물을 찾는 것과도 비슷한 일일 겁니다. 저희가 마침내 "아, 그녀는 이제 소니아가 되었구나. 정말로 그 역할을 할 수 있겠구나. 그녀만의 존재감을 갖게 되었구나"라고 느끼며 말하게 되는 것과 같죠. 이것은 언제나 아주 모호한 작업이기 때문에, 캐스팅할 배우를 만나기 전에 미리 등장인물에 대한 이미지를 갖지 않으려고, 미리 생각을 차단하지 않으려고 노력합니다. 예를 들어, 저는 처음엔 소니아가 금발이라고 전혀 생각하지 않았어요. 그녀가 저로 하여금 그것을 받아들이게 한 거죠.

장 피에르 감독님, 두 분의 완벽주의와 까다로움은 잘 알려져 있습니다. 방금 뤽 감독님이 배우 선정에 대해 이야기하시는 것을 들었

는데요. 이번 영화에서 12주 동안 진행되었던 촬영도 마찬가지로 까다로운 작업일 거라 생각됩니다. 12주는 촬영하기에 매우 긴 시간이니까요. 같은 장소에서 얼마 안 되는 배우들과 6주 동안 촬영한 영화들도 본 적이 있습니다. 12주 동안의 촬영은 두 분이 만드는 영화 유형에는 시간이 필요하다는, 시간적 여유가 있어야 한다는 뜻이겠죠. 예를 들어, 여러 번의 테이크를 시도할 수 있도록 말이죠.

JPD 12주 동안의 촬영은 저희가 스스로에게 부여하는 일종의 사치라고 할 수 있습니다. 하지만 〈약속〉의 촬영을 8주 만에 끝냈기 때문에 이상하게 그것이 두렵기도 했어요. 이번에는 12주를 사용해도 될 것 같다는 판단이 들어서 12주 동안 촬영을 시도했습니다. '이게 맞는 걸까? 부르주아가 된 건 아닐까?'라는 생각이 들기도 했지만, 동시에 이번에는 여유를 갖고 작업해보자고 했습니다. 이것은 적어도 양날의 검과 같은 거니까요. 아무튼 저희는 테이크를 많이 가져야 했기 때문에, 그렇게 결정했습니다. 한 숏당 평균적으로 적어도 스무 번 정도의 테이크를 실행한 것 같아요. 또한 저희는 영화를 시간 순서대로 촬영합니다. 첫날, 첫 신의 첫 번째 숏, 이런 식으로요. 꼭 그렇게 해야 한다는 법칙은 없지만……. 시간에 쫓겨서 촬영 때조차 만족스럽지 않았던 결과물에 수긍해야 하는 것은 별로라고 생각합니다. 다행히 저희는 직접 영화제작을 맡고

다르덴 형제

있고, 프랑스의 공동제작자이자 친구인 아르쉬펠 35사의 드니 프레이Denis Freyd도 같은 관점을 지니고 있죠. 따라서 제작비의 가장 큰 부분은 시간을 위해 사용됩니다. 기술적 수단을 위한 게 아니라, 시간을 위한 것이죠. 그 덕분에 저희는 한 주 동안 촬영한 모든 러시 필름*을 주말에 검토할 수 있습니다. 아시다시피, 하루의 작업이 끝나면 매번 팀원들과 함께 모여 러시 필름을 보는데, 대재앙이 있지 않는 한 대개는 일종의 만족감을 표하는 자리가 됩니다. 러시 필름을 보면서 "뭐, 나쁘지 않네"라고 말하는 팀원을 한 번도 본 적이 없어요. 힘든 하루였고 다음 날 다시 일과를 시작해야 하니, 서로를 격려해야만 합니다. 오히려 다들 "아, 근사한데"라고 말하는 경향이 있죠. 그래서 저희는 주말에 러시 필름을 다시 보려 하고, 확신이 서지 않는 부분이 있으면 다음 주 작업 계획에 다시 포함시킵니다. 12주라는 시간 덕분에 그렇게 해보고 장면들을 다시 찍을 수 있는 거죠. 저희 입장에서 촬영하기 가장 힘들었던 장면이 하나 있는데, 브뤼노가 소니아에게 자신이 한 일을

---

* '작업용 필름work print'의 다른 이름이며, 촬영이 끝나고 곧바로 현상해 다음 날 제작진이 참고로 보는 필름을 말한다. 매일 작업을 진행한다고 하여 미국에서는 '데일리daily', '데일리스dailies'라고도 부른다.

말하는 장면입니다. 꼬박 3일이 걸렸어요. 정말 별거 아닌 것, 카메라로 인물들을 따라다니고 두세 번 시선이 오가는 게 전부인 숏일 뿐인데 말이죠. 하지만 저희는 원하는 장면을 쉽게 얻을 수 없었습니다. 팀원 중 몇몇 친구가 저희에게 "당신들은 프로듀서가 아니라서 다행이야⋯⋯"라고 말하기도 했죠. 3일을 투자했습니다. 그래서 12주가 걸린 거고요.

뤽 감독님, 영화에 대한 두 분의 까다로움, 그러니까 두 분이 오랫동안 형성해온 미학 말인데요. 제가 볼 때 이번 영화에는 어떤 변화가, 여전히 어떤 연속성 안에 위치한 영화이기 때문에 아마도 급진적이지는 않겠지만, 어떤 변경이 있는 것 같습니다. 예를 들어, 이전 두 영화에서는 인물이 등 뒤에서 촬영되었습니다. 카메라는 더 많이 흔들렸던 것 같고요. 하지만 이번 영화에서는 카메라가 더 안정적으로 느껴집니다. 이것은 두 분이 자칫 자신 안에 갇힐 위험, 즉 일종의 매너리즘에 빠질 위험이 있다고 느끼셨기 때문인가요? 그래서 이번 촬영에서는 그런 변화를 시도하신 건가요?

LD 물론 하나의 시스템이나 방식에 빠져서 모든 것에 그것을 적용시키는 건 위험한 일입니다. 프레이밍 방식과 촬영 방식은 소재에서 비롯되어야 하죠. 이 영화에서는 〈로제타〉나 〈아들〉에서처럼 카메라를 인물에 연결시켜서는 안 된다고 생각했습니다. 두 영화에서는 카메라가 마치 주인공에게 탯줄로 연결된 것처럼 보였거든요. 이번 영화에는 로제타의 에너지도 없었고, 항상 경계하며 앞뒤 좌우를 살피는 올리비에의 의심, 적을 쫓거나 적을 두려워하면서 일자리를 찾아다니는 로제타도 없었습니다. 대신 하늘과 땅 사이를 떠다니는 좀 더 가벼운 인물, 너무 가벼워서 아내가 선물한 아이의 탄생조차 알아차리지 못하는 인물이 있었죠. 저희는 그를 관찰해야 했고, 그를 관찰하기 위해서는 그에게서 떨어져 있어야 했습니다. 또한 아이와 함께 두 사람, 세 사람이 동시에 등장하는 장면들을 삽입해야 하는 이유도 있었고요. 어쨌든 주인공으로부터 조금 더 멀리 떨어져 있어야 했는데, 주된 이유는 '그를 관찰해야 하고, 그를 풍경 속에서 봐야 하고, 강변에서, 다리에서, 자동차들 사이에서 봐야 한다'라고 생각했기 때문입니다. 그것이 저희로 하여금 다른 방식으로 촬영하도록 이끌었던 것 같아요. 영화에서 주인공이 아기와 단둘이 있는 장면, 우리가 그와 조금은 동질감을 느끼고 그와 함께 무언가를 발견하는 장면이 두 번 나오는데, 그때는 저희도 그에게 다가갔고 친애하는 로제타의 뒤에서처럼 그의 뒷모습을 촬영하는 방식을 택했습니다.

영화 〈로나의 침묵〉에서

〈로나의 침묵〉에 대하여

2008

뤽 다르덴 감독님, 감독님의 일기장에서 메모 하나를 발견했습니다. 2005년 2월 8일의 메모인데, 〈로나의 침묵〉을 예고하시는 것 같더군요. "다음 영화에서는 아마도 절망적이어야 할 모든 이유가 있으면서도 계속해서 모든 것이 가능하다고 믿는 젊은 여성이 등장할 것이다. 어떤 면에서는 신도 같은 여성, 신이 죽었어도 신을 믿는 여성." 로나는 온갖 사람들에게 둘러싸여 있지만, 세상이 시시하다는 생각을 거부하고 계속해서 모든 것이 가능하다고 믿습니다. 따라서 이 영화 프로젝트는 감독님이 어느 시점부터 준비해온 것으로 보이는데요……

LD 네, 한 여성에 대한 영화를 만드는 것은 저희가 하고 싶었던 프로젝트였습니다. 꼭 이런 유형의 여성은 아니었지만, 한 여성을 영화로 찍어보고 싶었던 건 맞아요. 〈더 차일드〉를 촬영할 때 이미 영화의 출발 지점에 대해 생각하고 있었습니다. 의사였던 한 여성의 이야기를 일부분 써놓았었는데, 이 여성이 몇 년 동안 저희 머릿속을 맴돌았어요. 로제타나 〈더 차일드〉에서 브뤼노의 연인이었던 소니아 같은 어린 여성을 촬영한 적은 있지만 성인 여성을 촬영한 적은 없었기 때문이죠.

서른 살 정도 되는 여성을 말씀하시는 거죠, 장 피에르 다르덴 감독님?
JPD 네, 서른 살 정도의 여성이요.

그렇다면 3년 전 일기에 적은 메모로부터 어떻게 이 주제를 발전시키셨나요? 한 가지 더 인용하고 싶은 게 있는데요. 신문에서 두 분 영화의 정교하고 간결한 이미지에 완벽하게 부합하는 간결하고 정확한 요약 글을 발견했습니다. 저희가 앞으로 〈로나의 침묵〉에 대해 이야기할 것이지만 청취자 모두가 반드시 이 영화를 본 것은 아니기 때문에, 이 요약을 통해 저희가 무엇에 대해 이야기할 건지 간단히 알려드리고 싶습니다. '벨기에에 사는 알바니아 출신의 젊은 여성 로나는 연인인 소콜과 함께 스낵바의 주인이 되기 위해 파비오라는 암흑계 인물과 공모 관계를 맺는다. 파비오는 먼저 로나가 벨기에에 국적을 취득할 수 있도록 클로디와의 위장결혼을 주선한다. 그러고 나서 역

시 벨기에 국적을 위해 거액을 지불할 준비가 되어 있는 한 러시아 마피아와 그녀를 결혼시키려 한다. 이 두 번째 결혼을 신속히 진행시키기 위해 파비오는 클로디를 죽일 계획을 세운다. 과연 로나는 침묵을 지킬까?'

JPD 영화를 만들고 시나리오를 쓰는 것보다 이 요약 글을 쓰는 것이 더 어려웠습니다. 전력을 다했지만, 제대로 해내기 힘들었죠! (웃음)

    우선, 이 선택은 어떻게 이루어진 건가요? 예를 들어, 30세 여성의 초상을 그리고 싶다는 생각에서 출발해 알바니아 여성의 초상을 그리게 된 것 말입니다. 배우를 먼저 선정했는데 그녀가 알바니아인이라서 주인공 알바니아인이 된 건가요, 장 피에르 감독님?

JPD 아니요, 그 반대입니다. 조금 전 뤽이 말했듯이, 영화의 구상을 시작했을 때 여성에 대한 이야기를 찍고 싶은 생각이 있었고 이미 이야기의 일부에 착수했지만 더 이상 발전시키지 못하고 있었습니다. 그러던 중 한 영화가 개봉하고 다음 영화를 준비하면서 자유롭게 많은 대화를 나누는 시간이 있었는데, 그때 10여 년 전에 들었던 어떤 이야기의 일부가 몇 번이나 화제에 올랐습니다. 저희가 들었던 이야기는 사실 클로디의 이야기인데, 실제로 클로디의 모델이 된 남자의 여동생이 마약중독자였던 그의 이야기를 들려주었었죠. 마약에 중독된 그녀의 오빠는 위장결혼을 해달라는 알바니아계 검은손의 요청을 받아들였다고 합니다. 결혼식 당일에 돈의 일부를 받고, 이혼 당일에 나머지를 받는 '약속'과 함께요. 하지만 여러 사정으로 그쪽 세계가 어떻게 돌아가는지 조금 알고 있던 그의 여동생이 그에게 "이혼 수당을 받지 못할 가능성이 높기 때문에 결혼을 해서는 안 된다"라고 말했다고 합니다. 왜 이 이야기가 대화 도중에 여러 번 나왔는지 모르겠는데요. 아무튼 그녀가 저희에게 들려준 이야기 속 여자는 알바니아계 성노동자였습니다……. 글쎄요, 저희는 여주인공을 성노동자로 만들지 않았는데, 성매매는 흔하게 다뤄지지만 저희가 관심을 두지 않는 주제였던 것 같습니다…….

조금 전통적인 주제…….

JPD 조금 전통적인 주제인데, 그런 환경에 있는 게 물론 당연한 일은 아니죠. 저희는 클로디의 동반자가 될 로나라는 인물을 만들어냈고, 그녀의 생의 일부에 대한 이야기를 들었었기 때문에, 거기서부터 영화의 이야기를 구성해갔습니다.

연극배우 출신인 아르타 도브로시라는 훌륭한 여배우를 선택하

신 것은 저희가 볼 때 진정한 실험이자 발견이었습니다.

JPD 그녀가 출연한 영화들이 벨기에에서 개봉되지 않았기 때문에, 저희는 그녀가 나온 알바니아 영화 두 편을 DVD로 봤습니다. 하나는 〈매직 아이Magic Eye〉이고 다른 하나는…….

LD 다른 하나는 저도 잘 모르겠어요. 먼 거리에서 찍은 숏들이 많아서 잘 볼 수 없었고 제대로 판단하기 힘들었습니다. 그녀만의 연기가 특별히 드러나지 않아 판단하기가 어려웠죠. 그럼에도 저희는 그녀가 마음에 들었습니다. 그래서 조감독을 맡은 친구에게 알바니아어를 사용하는 도시들, 마케도니아의 스코페와 알바니아의 티라나, 코소보의 프리슈티나에 가서 캐스팅을 해달라고 부탁했습니다. 그는 25세에서 30세 사이의 젊은 여배우 100명 정도를 촬영했고, 카메라를 향해 걸어오면서 프랑스어와 알바니아어로 자기소개를 해달라고 요청했습니다. 그 캐스팅에서 당시 프리슈티나에 있던 아르타를 다시 보게 되었죠. 저희는 '그녀에게 뭔가 끌리는 게 있다. 그녀를 만나러 가야겠다'라고 생각했습니다. 그래서 당시 그녀가 극장에서 공연을 하고 있던 사라예보로 그녀를 보러 갔습니다. 그녀를 만나 DV 카메라로 하루 종일 그녀를 촬영했어요. 말을 많이 시키지 않으면서 단순하게 움직이고, 앉아 있고, 10분 동안 가만히 있는 모습 등을 찍었죠. 저희는 그녀가 강렬한 무언가를 발산한다고 느꼈습니다. 하지만 '우리 영화에서는 프랑스어를 말해야 하니까 좀 더 지켜봐야 해'라고 생각했죠. 촬영을 시작하기까지 3개월이 남아 있었기 때문에, 저희는 그녀에게 다음과 같이 제안했습니다. "자, 여기 두 장면을 줄 테니 사라예보에 있는 우리 친구와 함께 이 장면들을 프랑스어로 연습해보세요. 그리고 리에주에 있는 우리 작업실에 와서 다른 배우들과 함께 연기해봅시다." 그녀는 2주 후에 리에주로 왔어요. 처음에 그녀는 아주 힘들어했죠. 저희 배우 중 한 명이 대사를 끝낼 때 프랑스어로 정확히 단어를 말하지 않으면, 그녀는 곧바로 혼란에 빠졌습니다. 리허설 때 종종 배우들이 무언가를 창조해내는 일이 생기거든요. 그럴 때마다 그녀는 약간씩 헤맸는데, 곧이어 매우 빨리 어떻게 움직여야 하는지 느꼈고 아주 멋지게 해냈습니다. 심지어 그녀가 5분만에 언어를 배우고 대사를 학습해서 장면을 추가로 찍기도 했죠. 마침내 저희는 그녀에게 "당신이 자유롭다고 느낀다면 당신은 이제 로나입니다"라고 말했고, 그녀는 그렇다고 대답했어요. 그녀에게 다시 말했습니다. "자, 이제 딱 두 가지 일이 남았어요. 먼저, 벨기에에서 2~3년 동안 살았던 알바니아 이민자처럼 말할 수 있도록 프랑스어

다르덴 형제

를 배워야 해요. 그리고 당신의 머리를 잘라야 할 것 같아요." 이것은 그녀에게 문제가 되었는데, 서너 살 이후로 항상 거의 같은 길이로 머리를 길러왔기 때문이죠. 그녀는 "그래요, 꼭 필요한 건가요?"라고 물었고, 저희는 "글쎄요, 그래야 할 것 같네요"라고 답했지만 이미 그녀가 머리를 잘라야 한다고 느끼고 있었습니다. 결국 그녀가 "좋아요"라고 말해주었죠. 그렇게 해서 그녀는 보름 후에 다시 돌아왔고, 매일 저희와 함께 연기 수업을 했습니다. 저희는 점심때마다 그녀와 같이 식사를 했고, 매일 오후 함께 일했고, 저녁에는 프랑스어로 말하며 함께 식사를 했죠. 그 덕분에 그녀는 영화에서처럼 프랑스어를 말할 수 있게 되었습니다.

그런데 머리를 자르고 나서 그녀는 얼굴에 어떤 특별한 인격을 지니게 된 것 같습니다. 잔 다르크보다 더 잔 다르크 같은 여인이 된 것 같아요……. (웃음)

LD 영화 마지막에 그녀가 어떤 목소리를 들어서 더 그렇게 느껴지죠. (웃음)

그녀는 칸영화제에서 여우주연상을 받을 뻔했는데, 결국 두 분이 각본상을 받으셨습니다. 여담이지만, 한 명의 감독이 혹은 두 분

경우처럼 두 명의 감독이 경쟁 부문에 네 번 진출해서 네 번 다 상을 받는 것은 칸영화제 역사상 유일무이한, 매우 이례적인 일이죠. 두 번의 그랑프리와 〈더 차일드〉로 올리비에 구르메가 받은 남우주연상*, 그리고 이번의 각본상까지요. 이것은 클린트 이스트우드의 경우와 정반대인데, 그 역시 두 분처럼 네 편의 훌륭한 영화를 가지고 칸에 왔지만 어떤 상도 수상하지 못했습니다. 여담이지만, 두 분에게 칸영화제는 거의 행운의 상징이 된 것 같네요.

JPD 저희가 칸 국적을 취득한 셈이죠. (웃음) 네, 맞습니다. 이미 〈약속〉 때부터 그랬어요.

공식 출품작에는 없었는데, 감독주간** 섹션이 두 분을 발굴해낸 거니까요.

JPD 감독주간 섹션이 〈약속〉을 전면에 내세워 홍보했고 동시에 저희도 세상에 알려주었습니다. 그 후로 저희에게는 일종의 물신숭배 같은 것이 생겨서 매번 공식 경쟁 부

---

*   올리비에 구르메는 〈더 차일드〉가 아니라 〈아들〉로 2002년 칸영화제에서 남우주연상을 수상했다. 미셸 시망이 착각한 것으로 보인다.

** 칸영화제와 병행하여 개최되는 독립 섹션. 1968년 5월 프랑스 감독 조합(SRF)이 파업 중인 노동자들에 대한 연대의 표시로 칸영화제를 취소한 후, 1969년부터 시작되었다. 칸영화제 경쟁 부문에 출품하지 않은 무명 영화감독들의 작품을 발굴하는 데 목적을 두며, 전 세계 수많은 영화감독이 경력을 시작하는 발판이 되어오고 있다.

문에 영화를 출품하려고 노력했고요.

테스트 촬영용 소형 DV 카메라에 대해 뤽 감독님이 하셨던 이야기로 돌아와보죠. 이 카메라는 두 분이 영화를 준비할 때 많이 사용하시는 장비인 것 같습니다. 현장 탐사 작업에서나 심지어 특정 장면의 연출 계획을 세울 때도요.

JPD 이번 영화에서는 이전보다 그 카메라를 훨씬 더 많이 사용했다는 사실을 말씀드려야 할 것 같습니다. 이번에는 저희의 연출이 다를 것이라는, 저희가 다르게 작업할 것이라는 직감, 혹은 직감 이상의 어떤 것이 있었기 때문이죠. 저희는 매일 소형 카메라를 가지고 다니면서 직접 현장 탐사 작업을 하고, 촬영 장소를 선택하고, 세트디자이너인 이고르 가브리엘과 함께 장소를 정비하는 일에 참여했습니다. 첫날부터 장소들을 실험하며 어떻게 풀어갈지 알아보는 현장 탐사 작업에 소형 카메라를 사용했기 때문에, 저희는 평소보다 카메라와 훨씬 더 많은 시간을 보냈죠. 촬영하지 않고 그냥 놔두면서 지켜보는 리허설도 있기 때문에, 저희의 현장 탐사 작업이 모든 리허설에 다 포함되는 것은 아닙니다. 하지만 다른 경우, 예를 들면 자동차가 등장하는 모든 신에서는 자동차 안과 자동차 주변에서 이 소형 카메라를 가지고 여러 번 리허설을 되풀이합니다. 반대로, 아파트 안에서 찍는 신들에서는 리허설을 훨씬 줄이면서 연기가 진행되는 것을 그냥 더 지켜보려 하죠. 어쨌든 일부 리허설들은 미장센의 기준점이 될 카메라의 정확한 위치를 찾기 위해 소형 카메라로 촬영됩니다. 그리고 어떤 신들은 이미 DV 카메라 안에서 거의 만들어지게 되죠.

카메라에 관해 좀 더 얘기해보면, 이번 영화에서 두 분은 카메라를 바꿔 35밀리미터 필름으로 촬영하셨습니다. 보통은 슈퍼 16밀리미터 필름으로 촬영하셨나요? 아니면 HD 카메라였나요?
LD 슈퍼 16밀리미터로 촬영했죠.

원래는 슈퍼 16밀리미터였는데, 이번에 35밀리미터로 촬영하신 거네요. 때로는 매너리즘에 빠질 수 있는 스타일을 깨는 것도 진정한 예술가의 용기입니다. 두 분은 인물의 뒤를 쫓으며 말 그대로 인물에 빨려 들어가는 핸드헬드 카메라로 세 편의 훌륭한 영화 〈로제타〉 〈아들〉 〈더 차일드〉를 만드셨습니다. 이번 작품에서는 여주인공과 일정한 거리를 유지하면서 훨씬 더 전통적인 데쿠파주* 방식을 시도하셨

---

* 프랑스어로 '자르기'를 뜻하는 영화 용어로, 시나리오를 촬영 양식에 맞춰서 세밀하게 분할해 촬영용 대본으로 만드는 작업을 가리킨다.

고요.

LD 네, 맞습니다. 하지만 훨씬 더 무겁고 다른 방식으로 들고 다녀야 하는 35밀리미터 카메라를 선택한 것은 그 이유 때문만이 아니었습니다. 디지털카메라 다섯 대와 35밀리미터 및 슈퍼 16밀리미터 아날로그 카메라 두 대로 저희가 원하는 필름을 테스트해본 결과, 한 가지 사실을 확인했기 때문입니다. 이번 영화에는 야간 장면과 실외 외관이 보이는 장면이 많이 등장하는데, 야간 장면을 위해 저희가 원하는 이미지를 제공할 수 있는 것은 35밀리미터 카메라뿐이라는 사실 말이죠. 그래서 35밀리미터로 촬영하자고 의견을 모았습니다. 그리고 이것은 말씀하신 것처럼 카메라를 더 멀리 두고 싶은, 더 멀리서 로나를 바라보고 싶은 저희의 바람에도 부합하는 선택이 되었습니다. 왜냐하면 로나는 음모를 꾸미는 여성이기 때문입니다. 제작지원위원회 등을 위해 영화의 제작 의도를 작성해달라는 요청을 받았을 때, 저희 제작자들이 말했습니다. "사실 영화가 던지는 질문은 이렇습니다. 로나, 당신은 누구입니까?" 그녀는 여러 계획을 가지고 있고, 여러 음모에 연루되어 있으며, 다섯 명의 남자와 관련되는 미스터리한 여성입니다. 각각의 남자와의 관계에서, 그녀는 자신의 목적을 달성하기 위해 말할 수 있는 것과 말할 수 없는 것을 지니고 있죠. 따라서 그녀는 복잡한 인물이며, 저희 스스로 '우리가 이 여자와 같은 에너지를 가질 수는 없을 거야'라고 생각한 적도 있습니다. 그녀를 바라보기, 그녀가 행동하고 움직이고 생각하고 거짓말하는 것을 그저 바라보기……. 그렇게 단순하게 시작했고 그것이 영화의 출발점이 되었습니다. 실제로도 프레임 안에 더 많은 사람과 더 많은 육체가 들어가게 되었고, 그럴수록 더 멀리 떨어질 필요가 있었습니다.

그리고 장 피에르 감독님, 카메라의 선택은 빛의 구성과도 관계되나요? 35밀리미터로 촬영하면서 빛의 구조가 달라졌나요?

JPD 네, 이미지와 간격 측면에서 달라졌습니다. 그래도 저희가 좋아하는 것을 고수한 편이죠. 촬영감독인 알랭 마르코엥과 네 편의 영화를 연이어 함께 작업했는데, 저희는 항상 관객에게 빛이 그냥 거기에 우연히 있다는 느낌을 주고 싶었습니다. 물론 알랭은 영화의 빛을 창출하기 위해 많은 것을 구성합니다. 그래도 저희는 빛이 우연히 거기에 있고 배우가 때로는 그 안에 있지만 때로는 그렇지 않다는 입장을 유지하죠. 그런데 알랭의 경우 이번에 훨씬 더 많은 작업을 한 것 같습니다……. 제가 적절한 표현을 찾지 못하겠는데, 그는 이전 작품들에서도 항상 정확했습니다. 하지만 이번에는 밤에 많은 작업을 했고 과거 촬영장에서 있었던 긴장감이나 압박감이 없었기 때문에, 즉 긴장감이나 압박감이 훨씬 더 많이 증류되었기 때문에, 빛의 준비 작업은 역설적으로 더 가벼울 수 있었습니다. 제가 한번은 알랭에게 이렇게 말한 적도 있죠. "신기하게도 이번에는 자네가 정밀하게 작업하면서도 더 많은 시간과 여유를 갖는 것 같아." 그러자 그는 "내가 한 번도 정밀하게 작업한 적이 없다는 뜻인가?"라고 물었고, 저는 "아니, 이번에는 자네가 조명을 원하는 대로 배치할 시간이 있다는 느낌이 든다는 거야"라고 답했습니다……. 분명히 말하지만, 35밀리미터 카메라는 두 번째 영화를 찍고 나서부터 그가 희망하던 것이었어요. 그는 늘 저희가 35밀리미터로 작업하기를 원했죠. 그는 제게 이전 영화들에서보다 이번 영화에서 필름에 대한 애정을 더 많이 갖게 될 거라고 말하기도 했습니다.

하지만 카메라맨, 즉 카메라를 들고 실제로 프레이밍 작업을 하는 사람 입장에서는 35밀리미터가 더 무겁겠죠. 슈퍼 16밀리미터의 기동성도 없을 거고요…….

LD 카메라맨 브누아 데르보는 컨디션을 다시 끌어 올리기 위해 세 달 동안 수영을 했습니다. 카메라가 그에게 더 무거웠던 것은 사실이지만, 그는 도움이 될 수 있는 시스템을 찾아냈죠. 촬영기사 한 명이 그와 항상 함께하면서 한 몸이 되어 움직였는데, 이것도 큰 도움이 되었습니다. 물론 그가 카메라를 어깨에 메고 거의 고정한 채 4분 동안 촬영하는 장면들도 있습니다. 동시에 항상 마이크의 움직임들이 있고, 거의 인식할 수 없지만 저희에게는 중요한 작은 움직임들이 있어요. 정확히 4분 동안 지속되는 중요한 러브신에서 특히 카메라의 움직임이 중요했습니다. 카메라는 여배우가 지나가도록 10센티미터 정도 뒤로 이동한 다음, 그녀가 바닥에 쓰러져 클로디와 싸우는 모습을 보여주기 위해 다시 앞으로 나아갑니다. 이러한 작업은 기계장치가 할 수 없고 오직 사람의 신체만이 해낼 수 있죠. 이것은 여전히 저희에게 아주 중요한 작업이며, 이런 방식으로 시퀀스숏*들을 구상합니다.

지금 언급하신 러브신에 대해 이야기를 나눠보죠. 이 신은 두 분의 영화에 등장하는 첫 누드 신이자, 처음으로 매우 강렬한 육체적 사랑을 보여주는 신입니다. 그러고 보니 두 분도 오십대에 접어드셨군

* 하나의 신이나 시퀀스를 단 한 개의 숏으로 구성하는 양식을 가리킨다. 숏 하나가 이야기의 한 단락 구실을 하며, 숏의 길이가 일반적인 숏보다 훨씬 길어 공간 내의 미장센이 두드러지게 된다.

다르덴 형제

요. (웃음)

JPD 다른 직종에서는 저희 나이에 이미 조기퇴직 연금을 받는 사람들도 많죠. (웃음) 그래서 저희는 지금이 아니면 안 된다고 생각했습니다.

그녀는 아주 아름답습니다. 배우의 관점에서 봐도 그렇고, 아까 뤽 감독님이 얘기하신 카메라의 관점에서 봐도 그렇고요……. 두 분은 이런 장면을 어떻게 촬영하신 건가요?

JPD 앞서 확인하셨던 것처럼, 촬영된 장면이 시나리오에 적힌 장면과 정확히 일치한다고 할 수는 없습니다. 하지만 장면의 리듬이 이미 시나리오에 묘사되어 있는 등 꽤 강한 유사점들이 있죠. 아르타에게도 누드 신은 처음이었다는 것을 밝혀야 하는데, 그녀가 저희에게 그것을 얘기했고 저희는 그 말이 사실이라고 판단했습니다. 아르타는 처음으로 카메라 앞에서 옷을 벗은 거였죠. 저희도 그런 경험은 처음이어서 촬영하기 전까지는 쉽지 않았습니다. 아주 솔직하게 말씀드리면, 저는 개인적으로 누군가에게 촬영을 위해 옷을 벗으라고 요청하는 것이, 그런 생각을 하는 것 자체가 항상 어려웠어요. 그런 일은 개인적으로 항상 조금은…… 저에게나 제 동생에게나 쉽지 않은 일이었던 것 같아요. 저희는 촬영 한 달 반 전에 신의 일부를 리허설했고, 옷을 벗기 전까지의 모든 행동도 리허설했습니다. 촬영 당일에는 옷을 벗는 행동으로 시작해 신을 끝낼 수 있도록, 옷 벗는 부분의 다음 행동만을 아주 간단하게 리허설했죠. 그러고는 배우에게 맡겼습니다. 주어진 순간에 장면을 장악하는 것은 배우이고, 움직임을 통해, 움직이는 방식을 통해 장면에 숨을 불어넣는 것도 배우이기 때문이죠. 누군가가 옷을 벗는 동안 카메라가 그 자리에 있는 것은 어려운 일입니다. 또한 이 장면이 스트립쇼 장면이나 클로디를 유혹하는 장면이 되어서도 안 되었죠. 이 장면은 친밀한 어떤 것으로 남아 있어야 했고, 로나의 친밀감도 계속 유지되어야 했습니다. 보여주기 위해 만들어진 장면으로 인식되어서는 안 되는 거였죠. 다소 일반적인 이야기일 수 있지만, 저희 입장에서는 그 점을 인지하고 있는 게 중요했습니다. 그런 이유로, 예를 들어 로나는 옷을 벗기 시작할 때 클로디가 아니라 창문 쪽으로 고개를 돌립니다. 클로디를 유혹하기 위해 그러는 게 아니기 때문이죠. 요컨대 관객들이 이 장면을 로나가 그녀에게 일어나는 일에 압도되는 순간으로, 계획에 없던 행동 중 하나를 행하는 순간이자 더 이상 자신의 음모에 종속되지 않고 자신을 넘어서는 일을 행하는 순간으로 느끼는 것이 중요했습니다. 저희에게 또 다른 중요한 순간은, 그

다르덴 형제

녀가 클로디에게 다가와 얼굴을 마주 보다가 어느 순간 클로디를 껴안을 때였습니다. 그 순간, 아르타가 물었죠. "얼마나 있어야 해요? 다음 동작을 하려면 얼마나 기다려야 해요?" 저희는 그럴 때마다 보통 "하나, 둘, 셋, 넷을 세어봐요"라고 말했지만, 그 순간에는 "자, 그걸 느끼는 건 당신에게 달렸어요"라고 말했습니다. 한 테이크를 찍다가 기술적인 문제로 다시 시작해야 해 중단했고, 그다음에 바로 여러분이 영화에서 보신 그 테이크를 찍었습니다. 그게 다였어요.

뤽 다르덴 감독님, 두 분은 미장센 준비를 위해 소형 카메라를 사용하시는 것에 대해 이야기하셨습니다. 반면에, 시나리오의 준비를 위해서는 거의 신문기자의 탐사에 가까운 작업이 있었을 거라 여겨지는데요. 다시 말해, 이 영화는 사회문제에 몰두하면서 무언가를 논증하는 다른 많은 사회파 영화와 달리 결코 경향극으로 빠지지 않는다는 점에서 훌륭하다고 말하고 싶습니다. 두 분의 영화는 논증하지도 않고 주장하지도 않지만, 그럼에도 사회문제들을 환기시키죠. 특히, 이 영화에는 작품을 가로지르는 세 가지 주제가 있는데, 이 주제들은 특별한 주제처럼 제시되는 것이 아니라 인물들에 통합되어 나타납니다. 첫 번째 주제는 위장결혼으로, 다른 사람이 국적을 얻을 수 있도록 외지인과 결혼하는 데 동의하는 여성 혹은 남성이 있습니다. 두 번

째 주제는 마약인데, 제레미 레니에가 탁월하게 연기한 인물이 바로 마약중독자입니다. 세 번째 주제는 낙태로, 로나가 가졌다고 믿거나 가졌다고 생각하는 아이, 하지만 갖지 않은 아이에 대한 어떤 특별한 마음이 영화의 마지막 부분 전체를 지배합니다. 그래서 이 세 가지 주제에 대해, 가령 어떻게 탐사가 수행되었는지에 대해 얘기 나눠보고 싶은데요. 현재 관련법이 존재하기 때문에, 먼저 위장결혼부터 시작해보겠습니다.

LD 그 법은 계속 바뀌고 있습니다. 그래서 한 변호사 친구가 저희에게 특히 최근 법 개정에 대한 정보들을 알려주었죠. 법이 많이 바뀌어서 조금 복잡하게 느껴졌던 것도 사실입니다. 위장결혼에 대한 의혹이 점점 증가하고 있기 때문에, 법은 위장결혼을 최대한 방지하려고 노력하고 있습니다. 어떤 경우든, 이러한 유형의 결혼을 승인하기 전에 점점 더 철저한 실태조사를 시행하고 있죠. 결혼이 성사된 다음에도, 이웃에 대한 조사와 신혼부부가 사는 아파트 내부에 대한 조사까지 실시됩니다. 이와 관련해, 저희는 변호사 친구와 평소 알고 지내는 한 경찰서장을 통해 정보를 얻었습니다. 경찰서장은 풍기단속반 소속이어서, 저희를 많이 도와주었어요. 그리고 경찰이 휴대전화들을 조사했던 내용도 중요했습니다. 그중 저희가 기억하고 있는 한 가지가 있는데, 예를 들어 로나가 러시아

인과 결혼하려 할 때 파비오가 그들에게 하는 얘기가 그에 해당합니다. "둘이 함께 나가서 춤추세요. 경찰이 어디서 만났는지 물어보면 증인을 세울 수 있도록요." 왜냐하면 실제로 경찰이 수사를 시작할 때 던지는 질문 중 하나가 "남편을 어디서 만났나요? 부인을 어디서 만났습니까?"이기 때문입니다. 두 사람을 따로 떼어놓고 질문하기 때문에 각자 질문에 대답해야 하며, 경찰은 그들의 말이 사실인지 아닌지 알아보게 됩니다. 한편, 낙태와 관련해서는 한 가지 사실만이 중요했습니다. 산부인과의 의사가 방문한 환자, 즉 몸이 불편해 보이는 사람, 기분이 좋지 않은 사람, 낙태를 요청하러 온 사람을 어떻게 대하는지 아는 것이었죠. 의사는 저희에게 표본 사례를 알려주었고, 저희는 그것을 영화에서 어느 정도 구현했다고 생각합니다. 프랑스에서처럼 벨기에에서도 낙태가 처벌 대상에서 제외되기 때문에 일정한 절차가 마련되어 있어요. 의사는 내원하는 사람에게 산모와 아이를 한 몸으로 보는 듯한 말을 절대로 해선 안 됩니다. 항상 "당신의 임신"에 대해서만 이야기하지, "당신의 아이"에 대해서는 절대 이야기하지 않죠. 의사가 아이에 대해 이야기하면 곧바로 그녀에게 죄책감을 느끼게 한다는 사실을 고려해, 낙태가 전적으로 그녀에게 귀속된 결정이 될 수 있도록 하는 겁니다. 그것이 낙태에 대해 저희가 알리고 했던 것 중 하나였습니다. 의사가 사용하는 두세 가지 전문용어도 있었는데 지금은 잊었습니다.

장 피에르 감독님, 마약 문제에 대해 얘기해보죠. 마약은 영화에서 많이 다뤄지는 주제이기도 한데, 어떻게 그것에 접근하고 어떻게 그 작업을 진행하셨나요? 마약중독의 신체적 표현을 어떻게 찾아내셨는지요?

JPD 정말 어려운 일이었습니다……. 저희는 애초에 다짐했죠. "등장인물이 마약중독자이지만, 고정관념을 조심하고, 기존의 모든 이미지를 조심하고, 마약중독자에겐 약이 필요할 거라는 모든 생각을 조심하자……." 우선, 저희는 마약을 끊으려 하는 마약중독자들을 돕는 두 명의 의사, 즉 두 정신과 의사를 만났습니다. 영화 속 클로디도 정말로 마약을 끊고 싶어 하는 중독자이기 때문이죠. 두 의사 모두 저희에게 말하길, 중독자들은 각자 다른 인간이지만 한 가지 공통점을 지니는데, 그것은 마약 복용을 중단할 경우, 특히 헤로인을 복용하다 중단할 경우 모두 다 관절이 아픈 증상을 겪는다는 것입니다. 나머지 경우는 개개인에 따라 달라서, 어떤 이는 폭력적이 되고 어떤 이는 항상 잠을 자게 되죠. 그런 다음, 저희는 제레미에게 클로디의 모델인 실제 인물을 만나보라고 부탁했고, 제레미는 놀랍게도 그를 만나는 데 성공했습니다. 실제로 그는 거의 아무 일도 안 하려는 사람이었기 때문이죠. 영화에서 클로디는 단순히 쇠약해진 사람으로 나오는데, 위장결혼 요청을 받자 자신의 약물을 로나로 대체합니다. 즉 로나는 그의 약물이 되고, 그는 항상 그녀에게 매달려 지내죠. 남아 있던 유일한 주요 과제는, 영화 속 인물이 마약중독자라는 사실을 신체적으로 신뢰할 만하게 만들기 위해 제레미가 14킬로그램을 빼는 일이었습니다. 하지만 그의 팔에 주삿바늘 자국을 만드느라 시간을 허비하지는 않았어요. 그건 너무 뻔한 것이니까요. 저희는 관객이 그를 한 인간으로 바라볼 수 있도록 마약중독자라는 이미지에 완전히 가두고 싶지 않았습니다.

두 분의 영화를 보면서, 좀 더 논증적이지만 어쨌든 뛰어난 재능을 지닌 켄 로치 감독의 다른 영화가 떠올랐습니다. 그의 최근 작인 〈자유로운 세계〉*를 보셨는지 모르겠지만, 그 영화의 주인공은 이 영화의 주인공과 공통점을 지니는 것처럼 보이죠. 두 영화의 스토리

---

*   켄 로치의 2007년 영화. 계약직 사원이던 싱글 맘 앤지가 부당 해고를 당한 후 불법 이주노동자들을 대상으로 직업소개소를 운영하며 겪게 되는 고된 삶의 여정을 그렸다. 베니스영화제 각본상 수상 작품.

는 완전히 다르고, 켄 로치의 영화에는 이주노동자라는 주제도 있습니다. 하지만 두 영화에는, 켄 로치의 영화들에서는 드물지만 두 분의 작품에서는 자주 등장하는 인물, 즉 진정한 복잡성을 지닌 인물이 이야기의 중심에 있다는 공통점이 있습니다. 로나라는 인물이나 켄 로치 영화의 인물 모두 시스템 안의 톱니바퀴 같은 존재이면서 동시에 그것을 받아들이지 못합니다. 한편, 서로 반대인 부분도 있죠. 켄 로치의 작품에서는 여성이 처음에는 다소 관대한 입장이었다가 나중에 완고한 시스템의 일부가 되는 반면, 이 영화에서는 여성이 인신매매라는 시스템의 일부였다가 어느 순간 자신의 본래 입장에 반대하고 결국엔 처음에 받아들였던 것과 다른 형태의 삶을 선택합니다.

LD 그런 인물들과 관련해 어려운 문제는, 이들이 절대로 담론의 전달자가 되어서는 안 된다는 것입니다. 로나에게 일어나는 일, 즉 그녀의 변화는 거의 그녀 자신과 상관없이 일어나는 일이어야 합니다. 저희는 아주 작은 것들을 통해 그녀가 변화하도록 만들었어요. 영화의 어느 시점에서, 로나는 다른 것을 얻기 위한 수단에 불과했던 클로디라는 남자를 마침내 제대로 알게 되었다고 볼 수 있습니다. 그녀는 사람들이 한 인간을 이용하고 있다는 걸 깨닫게 된 거죠. 그녀는 처음의 로나로 돌아가 다시 시작하려 합니다. 인간이 자신이 저지른 악행을 어떻게 떨쳐낼 수 있는지, 어떻게 자신이 저지른 일에서 빠져나가 순수함을 되찾을 수 있는지를 촬영하는 게 저희의 관심사였습니다. 그리고 예상치 못한 어떤 계기를 통해 마침내 자신을 회복하게 되는 것도요. 이것이 저희가 하고 싶은 영화입니다. 저희는 한 번도 저희 영화의 인물을 사회에 대한 견해의 전달자나 비평가 혹은 무언가에 대한 고발자로 생각한 적이 없습니다.

영화는 매우 의미심장하게 지폐를 보여주며 시작합니다. 어쨌든 돈이 영화의 이야기 한가운데 위치하는데, 그것은 은행 창구에서 로나가 얻고자 하는 대출 등을 통해 물질적으로 표현되죠. 두 분의 전작인 〈더 차일드〉에서 아버지가 돈을 벌기 위해 자식을 팔아넘기는, 믿기지 않는 일을 하려 했다는 사실도 언급하지 않을 수 없습니다. 그래서 저는 어떤 면에서는 분명히, 이념적으로나 철학적으로는 매우 다르겠지만 그럼에도 불구하고 두 분의 영화가 브레송적인 전통에 속한다는 생각을 자주 해왔습니다. 로제타를 브레송의 영화 속 인물인 무셰트로 볼 수도 있고, 이 영화에서는 또한 브레송의 영화 〈돈 L'Argent〉*이 떠오르기도 하죠.

---

* 로베르 브레송의 1983년 영화. 톨스토이의 소설 「위조 쿠폰」(1911)을 브레송이 직접 각색했다. 돈이 신의 자리를 대신하는 현대사회에서 은총이나 계시는 존재하지 않으며 구원 역시 불가능하다는 메시지를 담고 있다. 브레송의 마지막 작품으로, 1983년 칸영화제에서 감독상을 수상했다.

JPD 브레송과의 비교에 대해서는 논하고 싶지 않습니다.

왜 그러시죠?

JPD 저희가 그것에 대해 이야기하기 어렵다고 생각하기 때문입니다. 하지만 말씀하신 것처럼, 이 영화의 첫 번째 장면에서 돈이 로나의 손을 떠나 은행원의 손으로 들어가는 것이 사실입니다. 로나는 돈을 입금하고 은행원에게 자신이 대출 받을 준비가 되어 있다는 사실을 이야기하죠. 돈은 연료이거나 적어도 불을 지피는 무엇이며, 로나를 앞으로 나아가게 하는 원동력이자 그녀가 사회적 지위를 바꾸고 꿈에 다가갈 수 있게 해주는 수단이 됩니다. 또한 돈은 파비오에게 시시한 사기꾼이라는 신분에서 벗어나 조금은 더 중요한 인물이 될 수 있게 해주고, 클로디에게는 마약을 더 쉽게 살 수 있게 해주죠……. 이처럼 돈은 영화의 주인공들 각각을 움직이게 하는 원동력인데, 돈의 순환에는 두 가지 회로가 있다고 할 수 있습니다. 물건을 살 수 있는 지극히 정상적인 돈이 있고, 사람을 살 수 있는 훨씬 덜 정상적인 돈이 있어요. 그리고 브레송의 〈돈〉에는 없는 것 같지만—제가 틀렸다면 얘기해주세요—저희 영화의 인물들 중 일부에게는 다른 사람에 대한 신뢰를 표현하게 해주는 돈도 있습니다. 클로디는 로나에게 돈을 건네주면서 커다란 신뢰를 보여줍니다. "나는 필요 없으니 당신이 맡아줘"라고 말하죠. 저희 영화에서 돈은 이런 기능도 포함하고 있습니다. 또한 영화의 어느 시점에서 돈은 로나가 빚을 갚는 수단이 되죠.

LD 돈이 그 자체로 악은 아닌 거죠.

브레송의 작품에서와 마찬가지로 두 분의 작품에서도 개인의 고독이 있는 것이 사실입니다. 그런데 두 분의 작품에는 브레송 작품에 없는 타인을 향한 열림이 있습니다.

LD 브레송의 〈돈〉에는 사랑의 결핍이 있죠…….

네, 그렇습니다. 그 사랑이 바로 제가 타인을 향한 열림이라 부르는 것이죠.

JPD 그래서 〈돈〉의 주인공은 "네가 나를 사랑했었다면……"이라고 말합니다. 그녀가 그를 사랑하지 않았기 때문이죠.

LD 한편, 브레송의 작품에는 신과의 관계가 존재합니다. 주인공이 감옥에 있을 때 동료 죄수가 그에게 말하죠. "돈은 눈에 보이는 거야. 봐봐!"라고요. 이는 브레송에게 돈이란 신에 대한 접근을 방해하는 것이라는 사실을 의미합니다. 눈에 보이는 것, 너무 보이는 것이기 때문에 그렇죠. 그런데 이 보이지 않는 차원은 단지 신만을 뜻하는 게 아니라, 박애이기도 하고 사랑이기도 합니다. 물론 신일 수도 있지만요. 실제로 돈이 인간에 대한 통찰을 가로막는 방해물이 될 수 있는 것이 사실입니다. 돈과 관련될 때 인간은 더 이상 존중받아야 할 인격체가 아니라 사용 가능한 상품처럼 여겨집니다. 일반적으로 인간은 가치를 매길 수 없고 돈으로 헤아릴 수 없는 존재임에도 불구하고 돈으로, 하나의 값으로 평가되죠. 오늘날에는 과거보다 더 자주 사람들을 돈으로 환산하는 게 사실입니다.

장 피에르 감독님, 감독님은 어떤 의미에서 세속적인 영성주의자라고 할 수 있습니다. 이런 정의를 받아들이시겠습니까?

JPD (웃음) 받아들입니다. 저는 모든 정의를 받아들이죠. 그것들을 체화하려고 노력하고요…….

LD 저희 둘 다 그래요! (웃음)

이 영화에도 영성주의적 테마가 있기 때문에 '속죄'의 형태가 있다고 보는데요. 동시에, 신은 존재하지 않습니다.

JPD 맞아요. 이 영화에 신은 존재하지 않지만 속죄의 형식이 있습니다. 저희 영화는 항상 어떻게 한 개인이 자신으로부터 벗어나 다른 사람을 만나고, 또 어떻게 그 만남을 통해 스스로 더 인간적이 되는지, 그저 조금이라도 더 인간적이 되는지에 대해 이야기하려고 노력하죠. 이 영화에서도 그런 이야기를 하려고 노력했습니다.

그래서 영화는 결말을 전혀 알려주지 않으면서도 놀라운 이야기의 진전을 만들어냅니다. 거의 범죄영화의 스토리가 될 수 있었던 이야기가 다른 쪽 끝으로, 즉 원시적인 숲과 오두막과 근원으로의 회귀가 있는 일종의 동화로 넘어가죠. 그러니까 꽤 놀라운 변화가, 심지어 폭력적이라 할만한 변화가 시나리오상에 있습니다.

LD 네, 가능한 얘기입니다. 칸영화제에서 여러 평론가와 관객이 그렇게 말했지만, 저희는 그 정도까지 폭력적인 변화는 아니라고 생각했습니다. 그녀가 달아날 때 그냥 달아나는 것이 아니라 다른 차원으로 넘어가는 것은 사실이지만요.

그녀는 가방을 포함한 모든 것을 두고 떠납니다.

LD 물론입니다. 그녀는 다른 곳으로 떠납니다. 하지만 관객과 평론가 들이 저희가 상상했던 것보다 더 큰 단절을 본 것 같습니다.

단절은 저 같은 이들이 그러는 것처럼 지적으로 분석할 때 발생하죠. 영화에서는 연속성이 중단되지 않고, 이 진전은 원활하게 이루

어집니다. 그럼에도 불구하고 제가 볼 때, 영화는 범죄 이야기에서 동화로, 어떻게 보면 세속적인 동화로 이동합니다. (웃음)

JPD 그래도 너무 세속적이진 않아요. (웃음)

LD 맞아요. 세속주의에 대해 다시 얘기해보면, 문제는 인간이 신을 발명할 때 존중과 살인 금지도 함께 발명했다는 사실입니다……. 그밖에도 인간성을 이루는 많은 것들을 발명했지요. 그렇다면 신이 죽을 때 무엇이 함께 죽는 걸까요? 하늘에 계신 아버지만 죽는 것인가요, 아니면 다른 인간과의 관계 전체가 함께 죽는 걸까요? 그 관계들을 신 없이 재창조해야 하는 건가요? 바로 이것이 복잡한 문제이며, 저희가 인물들을 통해 구현하려는 점입니다. 영화의 결말에 대해 다시 말하자면, 저희는 결말에서의 로나가 전략가적인 로나와 확실히 단절하고 다른 사람이 되길 바랐습니다. 그녀의 정신착란, 그녀의 믿음, 그녀의 순수한 주관적 판단일 수도 있고 아닐 수도 있는 것에 대해 다양한 해석이 존재하는데요. 관객들은 영화의 결말에 대해 서로 다른 해석을 내놓습니다. 저희는 사람들이 "맞아요, 아니에요, 사실 그녀는 이렇고, 그녀는 이렇지 않아요"라고 말하는 것을 좋아합니다. 영화 마지막에 그녀가 일종의 세속적인 성녀가 되었다고 말할 수도 있고요! (웃음)

이 작품은 또한 '가짜'에 대한 영화이기도 합니다. 사실 두 분의 영화는 진짜를 추구하는 영화, 진짜 몸짓, 진짜 사건, 진짜 얼굴을 추구하는 영화이지만, 가짜에 대해서도 질문을 던지는 영화죠. 영화의 마지막 부분을 보면 가짜 아이가 있고, 또 처음에는 가짜 결혼이 있습니다.

JPD 진짜 같은 느낌을 주기 위해 가짜들로 구성하는 경우가 있습니다. 어느 순간, 그녀가 진짜라고 생각한 것이 사실은 가짜로 밝혀지는 경우도 있고요. 이것은 '물에 젖은 물 뿌리는 사람'*의 이야기와 비슷한 거죠. 저희가 시나리오를 진행시킬 때 도움을 주는 것, 현장 탐사 작업과 촬영 장소의 선택, 특히 아파트 같은 장소들의 정비 등을 실행할 때 도움을 주는 것, 나아가 미장센 작업에서 많은 도움을 주는 것, 그것이 바로 가짜입니다. 가짜와, 가짜의 구성에 관한 모든 아이디어가 그 역할을 하죠…….

LD 속임수에 관한 아이디어도요…….

스튜디오에서 촬영하지 않고 로케이션 촬영을 선택하시는 것도 이 가짜에 대한 문제의식 때문인가요?

*　뤼미에르 형제의 영화 〈물 뿌리는 사람L'arroseur arrosé〉(1895)을 가리킨다. 뤼미에르 형제의 다른 초기 영화들처럼 이 영화도 외관상 다큐멘터리 형식을 취하고 있지만, 실제로는 미리 준비된 이야기와 연기를 바탕으로 촬영되었다.

JPD 그런 생각도 해봤지만, 이번 영화에서는 두 방식을 절충했습니다. 로나와 클로디의 아파트는 비어 있고 더 이상 기능을 하지 않던 집이며, 다른 세대들은 다 거주하고 있는 한 건물에 줄곧 있어온 곳이었어요. 저희는 이 영화를 위해 스튜디오 촬영을 고려했다가 이내 포기했습니다.

너무 비싸서요?

JPD 아니요, 그 문제는 아니고요. 단지, 로나와 클로디가 집을 드나들기 위해 오르내리는 계단에서 다른 세대에 살고 있고 다른 삶에 속해 있는 사람들의 발자취가 느껴지지 않으면 어떡할까 하는 두려움이 있었기 때문이죠. 그게 전부입니다.

뤽 감독님, 두 분은 처음으로 대도시에서 촬영했습니다. 지금까지는 두 분이 연고가 있는 작은 도시를 배경으로 촬영해오셨죠. 이러한 촬영 장소의 변화도 하나의 변화라 할 수 있을 것 같은데요.

LD 네, 저희에게는 진정한 변화였습니다. 이전에 촬영하던 곳에서 불과 10킬로미터 떨어진 곳이라 할지라도요…….

하지만 그 거리가 모든 것을 바꿔놓죠.

LD 전적으로 그렇습니다. 이런 변화를 선택한 데는 두 가지 이유가 있었습니다. 하나는, 저희의 주인공이 사람들이 있고 자동차가 있고 네온사인이 있는, 즉 실제 대도시의 삶이 있는 밤에 묻히게 만들고 싶었어요. 다른 익명의 사람들 사이에서 자신만의 비밀과 침묵을 지닌 로나를 보여줌으로써 그녀에게 더 강렬한 차원을 부여하고 싶었죠. 다른 하나는, 보다 사회학적인 사실을 고려했습니다. 알바니아의 그람시 같은 작은 마을에서 이민 온 사람들은 대부분 대도시를 찾는다는 사실 말이죠. 대도시에서는 익명성이 보장되고, 불법 노동을 할 수 있는 가능성과 숨어 지낼 수 있는 가능성 그리고 같은 지역이나 같은 나라에서 온 사람들을 만날 수 있는 가능성이 존재하기 때문입니다. 대도시는 사람들이 찾아오는 곳이자 이민의 꿈 일부를 이룰 수 있는 곳이죠.

장 피에르 감독님, 마지막으로 조금 특별한 질문이 하나 있는데요. 영화 속 휴대전화에 관한 질문입니다. 제게 인상 깊었던 것 중 하나는, 모든 영화에서 사람들이 유선전화로 전화 걸 때는 수화기 너머에서 말하고 대답하는 상대를 보여주는 리버스숏이 거의 항상 따라 나온다는 사실입니다. 모든 할리우드 영화에서는 누군가 전화를 걸면 받는 상대방을 리버스숏으로 편집해 보여주죠. 하지만 휴대전화가 등

장한 후로는 이러한 리버스숏을 전혀 찾아볼 수 없습니다. 누군가 전화를 받거나 걸지만, 화면에는 상대방이 보이지 않는다는 거죠. 이것을 어떻게 설명할 수 있을까요? 두 분의 영화에서도 휴대전화가 중요한 역할을 하고 휴대전화 사용이 상당히 많기에 질문 드립니다.

JPD 〈약속〉에서 이고르가 아버지에게 전화를 걸어 승합차 열쇠가 어디 있는지 알려주는 순간이 있어요. 이 숏의 리버스숏도 촬영했는데, 휴대전화가 아니라 유선전화 숏이었습니다. 그런데 이 리버스숏이 이고르를 보여주는 숏의 긴장감을 떨어뜨리는 것 같아서 결국 그것을 삭제했습니다. 저희는 인물을 바라볼 때나 인물과 함께 있을 때 항상 그런 식으로 작업해왔습니다……. 로나의 경우도 리버스숏을 삽입하지 않는 것이 영화의 긴장감을 더 강하게 유지해준다고 생각했죠. 특히 영화 초반 저희는 로나를 바라보는 것만으로 흥미를 느꼈는데, 처음에 그녀는 유선전화로 프랑스어가 아닌 외국어—관객은 나중에 알바니아어라는 것을 알게 됩니다—를 사용해 말하고, 3분 뒤에 휴대전화가 울리자 휴대전화를 들고 프랑스어로 말합니다. 즉 그녀는 두 개의 이야기 사이에 있는 여성인데, 저희가 볼 때 특히 이 이야기들의 반대편을 보여주지 않는 것이 중요했습니다. 영화 안에서 이야기들의 반대편이 차례로 등장하기 때문이죠.

바로 이것이 두 분 작업의 엄격함을 보여주는 사례인 것 같습니다. 유선전화이든 휴대전화이든, 리버스숏의 의미를 무시하는 대부분의 영화감독과 달리, 두 분은 리버스숏이 전혀 존재하지 않는 것처럼 만들면서 두 분만의 미학을 지속해가시니까요.

영화 〈자전거 탄 소년〉에서

〈자전거 탄 소년〉에 대하여

2011

〈자전거 탄 소년〉이 지난 수요일에 개봉되었습니다. 명백하게 훌륭한 영화죠. 우선 다음과 같은 질문으로 시작하고 싶습니다. 15년 전 칸영화제의 감독주간 섹션에서 두 분의 이름을 알린 영화가 바로 〈약속〉이었는데, 그 영화는 제레미 레니에 주연의 '전동 자전거 탄 소년'이라고 할 수 있습니다. 이번 영화에서 제레미는 아들을 버리는 아버지로 등장합니다. 처음에 아들은 필사적으로 아버지를 찾아 나서지만, 곧 자신을 보호하고 사랑해줄 미용사를 만나게 되죠. 벨기에 역시 자전거의 나라라는 것을 알고 있었지만, 〈약속〉과 이번 영화를 비교해보면 벨기에의 신화와 벨기에 사람들의 일상에서 자전거가 매우 중요한 오브제라고 말할 수 있을 것 같습니다. (웃음) 아무튼 15년이 지났습니다…….

LD 네, 15년이 지났네요. 〈약속〉에서 이고르가 빨간색 전동 자전거를 자주 타는 게 사실이지만, 이고르의 어린 시절과 관계된 오브제는 친구들과 함께 조립한 고카트, 즉 카트라고 할 수 있습니다. 〈자전거 탄 소년〉에서 자전거는 보신 것처럼 유년기의 이동 수단 같은 것인데요. 생애 최초의 탈출을 위한 수단, 혹은 가족을 떠나거나 가족으로부터 멀어질 때 이용하는 수단이기도 하죠……. 저희는 사만다도 알아볼 수 있을 만큼 매우 특별한 자전거, 그러면서 동시에 소년의 친구, 즉 시릴의 친구가 될 수 있고 그의 가장 좋은 동반자가 될 수 있는 자전거를 찾았습니다. 소년이 너무 외롭다는 것을 보여주기 위해 그가 자전거와 대화하는 짧은 장면도 삽입했죠. 인간은 외로울 때 특히 사물에 관심이 많아지고, 주변의 자질구레한 물건들이 인격적인 존재가 되기도 하거든요. 하지만 영화적으로 자전거가 프레임 안에서 만들어내는 움직임은 분명히 전동자전거의 그것을 가리키기 때문에, 둘 사이에 연결고리가 있는 것은 사실입니다.

JPD 그렇습니다. 〈약속〉에는 제레미 레니에가, 〈자전거 탄 소년〉에는 토마 도레(시릴 역)가 등장하는데, 실제로 저희가 이 영화에서 시릴의 아버지 역으로 제레미를 선택한 이유는 그가 훌륭한 배우이고 그와 함께 일하는 것을 좋아하고 촬영 과정에서 그의 유연한 연기가 매번 저희를 매혹시키기 때문이지만, 이런 증언자의 이행 때문이기도 합니다. 토마는 제레미를 만나게 돼서 매우 기뻐했어요. 저희와 함께 작업하기로 결정하기 전까지 토마는 〈약속〉을 본 적이 없었는데, 리허설하는 기간에 영화를 봤습니다. 촬영 전에 두 달 동안 리허설을 했고 그때 영화의 DVD도 줬거든요. 열다섯 살 때 저희와 함께 일하기 시작한 제레미를 만난 것은, 그보다 좀 더 어린 나이에 일을 시작한 열세 살의 토마에게는 정말 대단한 경험이 되었습니다. 저희는 제레미가 토마와 함께 작업을 시작하면서 그를 바라보는 모습을 보았죠. 제레미는 정말 영화 속 아버지처럼, 약간은 특별한 그 아버지처럼 그를 바라보았습니다. 제레미는 토마에게 진정한 영화 속 아버지였고, 그 모습을 보는 것은 정말 감동적이었습니다.

두 분의 영화에서 제가 놀라워하는 점은, 매우 다르고 거의 반대되기까지 하는 두 가지 위대한 영화 전통이 융합되어 있다는 사실입니다. 한편으로는 일종의 네오리얼리즘인데, 두 분의 영화는 이탈리아식 사실주의 영화에 속한다고 할 수 있죠. 이 영화를 보면 반드시 〈자전거 도둑〉을 떠올리게 되는데, 시릴이 잃어버린 자전거는 그의 작업 수단은 아니지만 그래도 그에게 대단히 중요한 것이기 때문입니다. 다른 한편으로 미국 영화의 전통인 스릴러가 있는데요. 두 분의

영화에는 항상 긴장감이 흐르고 어떤 일이 일어납니다. 장 피에르 감독님, 전적으로 특별한 이 연금술이 두 분의 영화를 특징짓는다고 할 수 있을까요?

JPD 말씀드렸듯이, 저희는 현실과 밀접한 관계를 지닌 영화를 만드는 것을 좋아합니다. 또한 많은 서스펜스를 가지고 이야기를 다루는 것도 좋아하죠. 그리고 이건 우리의 즐거움이기도 한데, 영화에 추격전이나 싸움을 넣는 것도 아주 좋아합니다. 동생과 저는 대본 작업을 할 때나 장면 연출을 할 때 그런 장면들을 많이 만들어내는 것을 즐기죠. 영화의 내적인 긴장과 보는 이의 관심을 유지하면서 서스펜스를 계속 이어가는 것은 정말 즐거운 일입니다.

당연히 항상 받으시는 질문이겠지만, 또 다른 놀라운 연금술은 두 분 중 누가 어떤 역할을 맡느냐는 것입니다. 누가 무엇을 담당하시는지요? 예를 들어, 이 영화의 출발점은 어떻게 찾으신 건가요? 어떻게 영화가 탄생했는지요?

LD 영화의 출발점은 한 일본 소년의 이야기입니다. 2002년 사형제 폐지 캠페인의 일환으로 영화 〈아들〉을 소개하기 위해 도쿄에 갔고, 그곳에서 저희 영화를 상영했어요. 영화가 끝나고 토론회에서 한 청소년 담당 여성 판사가 여러 가지 이야기를 했는데, 특히 아버지가 고아원에 맡기고 간 한 소년에 대해 얘기를 들려주었습니다. 아이는 몇 년 동안 아버지를 기다렸는데, 아버지가 돌아오겠다고 약속해놓고 한 번도 오지 않은 거죠. 그녀는 아이가 지붕에 올라가 탈출을 시도한 이야기 등도 들려주었습니다. 저희는 이 아이에 대해 여러 번 이야기를 나눴지만 스토리가 떠오르지 않았고, 그럴 때마다 '그래, 버려진 아이는 맞지만 영화의 스토리를 만들어내기에는 충분한 사건이 되지 못해'라고 생각했어요. 그 무렵 의사인 사만다에 대한 다른 대본도 작업하고 있었는데, 이 대본 작업 역시 잘 진척되지 않았고 그 안에 저희를 가두고 있었습니다. 그때 저희는 이런 생각이 들었어요. '어쩌면 아이의 고독과 고통에 대한 이야기를 함께 해볼 수 있을 것 같아. 아버지에게 버림받고, 어머니는 없고, 할머니도 돌아가셔서 혼자 있는 아이 말이야……' 이 여성 캐릭터는 의사가 아닌 게 더 좋겠다는 생각이 들었습니다. 의사는 이미 사람들을 구하고 있는 존재이기 때문이죠. 이 여성을 위해 다른 직업을 찾아야 한다는 생각이 들었고, 우연히 미용사라는 직업이 떠올랐습니다. 저희는 다시 생각해봤죠. '이 여성의 사랑이 아이를 폭력성에서, 분노에서 벗어나게 해줄 수 있을까?' 그렇게 일이 시작되었고, 사만다와 시릴의 만남이 '의사 사만다'의 시나리오에 나오는 장소 중 하나였던 개인병원 대기실에서 이뤄졌습니다.

그런데 어떻게 의사에서 미용사로 바뀌게 되었나요?

JPD 우선, 방금 뤽이 말한 이유로 여자 의사를 택할 수 없었습니다. 하지만 도시에서 생활하는 사람이 필요했죠. 그녀는 직업이 있어야 했고 그 직업이 그녀를 외부 세계와 접촉시켜주는 것이어야 했습니다. 몇 가지 선택지가 있었는데, 그녀는 빵집 주인일 수도 있었고 정육점 주인이거나 신문 가판대 운영자일 수도 있었습니다. 그러다가 미용사도 몽상적인 측면이 있는 직업이라 나쁘지 않다고 생각했어요. 그처럼 단순한 이유였던 거죠. 또한 미용실은 꿈을 꿀 수 있는 곳이니 이 여자를 꿈의 측면이 있는 인물로 두자고 했습니다.

LD 그리고 세면대의 물도 있죠…….

JPD 맞아요. 세면대의 물도 저희가 이 직업을 선택한 이유 중 하나입니다. 미용실에선 물을 사용할 수 있기 때문이죠.

물을 좋아하시나요?

JPD 저희 둘 다 물을 좋아합니다. 시릴도 물을 좋아하죠. 저희가 물을 좋아해서, 저희 영화의 장소는 늘 강변에 위치하고 강변은 어떤 역할을 수행합니다. 이번 영화에서 물은 이전 영화들과 꽤 다른 역할을 하지만요……. 물은 저희에게 매우 중요한데, 저희가 유년기와 청소년기의 대부분을 물가에서 보냈기 때문입니다.

그래서인지 두 분은 두 분이 태어나고 살았던 세랭이라는 도시에 매우 애착을 갖고 계십니다.

JPD 네, 그렇다고 할 수 있죠. 영화 스토리에 관한 작업을 시작하면서, 저희는 영화가 전개될 장소에 가보았습니다. 제 기억에 장소의 구성은 다음과 같았는데, 한쪽에는 주택가와 도로, 숲이 있었고, 삼각형의 끝 쪽에 세탁소로 바뀐 주유소가 있었어요. 저희는 세탁소를 다시 주유소로 바꿨고 그곳에서 여러 차례 이야기가 되풀이되도록 했습니다. 이러한 장소의 배치가 영화의 이야기를 구성하는 데 도움을 주었죠. 영화에서 전개되는 이야기의 양상은 장소의 지리적 구성에서 비롯된다고 할 수 있습니다.

두 분의 영화는 현실적이지만, 동시에 현실에 대해 모든 것을 알려주려고 하지 않습니다. 예를 들어 미용사 사만다의 경우, 관객은 실제로 그녀에 대해 아무것도 알지 못하죠. 그녀의 출신, 그녀가 겪었을 수도 있는 일 등에 대해서요…… 그녀에게 아이가 한 명 있다는 것은 알게 되지만, 그녀의 과거에 대해서는 어떤 순간에도, 단 한 문장으로도 언급되지 않습니다.

JPD 네. 그녀의 과거가 저희가 하고 싶은 이야기에 도움이 되지 않아 보였기 때문입니다. 저희는 단지 친절한 행동을 하는 사람의 이야기를 하려 했습니다. 어린 시릴은 보육원 직원들에게 쫓기다가 대기실에서 사만다의 품에 뛰어들어 그녀를 신체적으로 꽉 움켜잡습니다. 아이는 그녀를 넘어뜨리고, 그녀는 말 그대로 그리고 비유적 의미 그대로 엎어지게 되죠. 이 충격으로 인해 그녀는 이 소년, 자신에게 어떤 흔적을 남긴 소년의 혼란에 사로잡힌 것을 느끼지만, 그의 구조 작업에 곧바로 동참하지는 않습니다. 저희에게는 그것으로 충분했죠. 영화를 보면서 관객들은 그녀에게 남자친구가 있고 그와의 사이에 일련의 일이 일어나는 것을 알게 될 것입니다. 저희의 이야기에 그 이상은 필요 없어요.

두 분의 영화에는 어린이와 청소년에 대한 관심도 꾸준히 나타납니다. 두 분의 많은 영화가 그들에 대해 이야기하죠. 〈약속〉에서 성인으로 가는 이행 과정에 있는 주인공, 〈더 차일드〉에서의 어린 연인들, 〈아들〉에서의 사죄 요구를 하는 청소년 등 말이죠.

LD 어려운 질문입니다. 그들이 왜 저희의 관심을 끄는 걸까요? 저희는 57년 동안 형제였고 함께 일했는데요. 저는 아이들에 대한 관심이 저희가 형제이고 오랜 세월 동안 함께 일한 사실, 그리고 저희가 어느 순간 다시 만났다는 사실과 관련이 있을 거라 생각합니다. 한때 형은 브뤼셀에 있었고 저는 세랭 근처 마을에서 줄곧 가족과 함께 지내고 있었는데, 아르망 가티 감독님과 작업하면서 다시 만나게 되었죠. 그 후 저희는 함께 작업하기로 결심했고, 한 명은 사운드를 한 명은 이미지를 맡으면서 저희에게 무언가를 재발견하게 해주는 이 예술을 같이하기로 했습니다. 그러니까 아마도 그것은 저희가 형제라는 사실, 영화를 만든다는 사실, 그리고 어린 시절과 아버지와 어머니에 관심이 있다는 사실과 연관성이 있을 겁니다. 이번 영화에서 저희의 관심을 끈 이 아이는 어린 시절이 없는 아이라고 할 수 있습니다. 그래서 저희는 아이가 스스로에게 묻지 않는 질문을 저희 스스로 던지고 생각하게 되었죠. '아버지가 나를 사랑할까? 나를 인정할까?' 그리고 사만다의 이야기는 이렇습니다. '사만다가 이 아이를 사랑할 수 있을까? 이 아이에게 어린 시절을 주고, 매일같이 자신의 실존에 대해 걱정하지 않고 평온하게 살 수 있는 기회를 줄까?' 그 기회는 아이로 지내는 것을 의미합니다. 누군가 먹을 것과 마실 것을 주고, 목욕을 할 수 있고, 당연한 거지만 매일 '나를 사랑할까, 사랑하지 않을까' 하고 스스로 묻지 않아도 되는 것을 뜻하죠. 바로 이것이 그녀가 그에게 돌려주는 것입니다. 그녀는 그가 성장할 수 있도록 어린 시절이라는 형식을 돌려줍니다. 이 아이가 저희에게 감동을 주었던 것 같습니다. 물론, 저희는 그동안 저희가 아는 아이들, 버려진 아이들에 대해 많이 이야기했었죠. 〈약속〉을 찍는 동안 열 살짜리 아이를 알게 된 적도 있는데, 자동차 정비소 장면을 촬영하는 내내 매일 밤 저희를 찾아 왔습니다. 그 아이는 몇몇 제작진과 좀 더 친밀한 관계를 맺어서 그들에게 더 많은 이야기를 해주었는데, 그의 어머니는 성노동자였고 새벽 4시에 집에 돌아왔다고 합니다. 저녁 6시부터 새벽 4시까지 아이는 혼자 있었고 그래서 밤마다 저희를 찾아와서 함께 밥을 먹곤 했습니다. 그런 아이, 할머니와 함께 사는 아이를 포함한 다른 아이들, 저희는 그런 아이들이나 십대 청소년들을 많이 알고 있었습니다. 글쎄요, 이 아이들이 저희에게 깊은 인상을 주었던 것 같고, 그래서인지 말씀하신 것처럼 저희의 인물들은 대개 부모와 어려운 관계를 맺고 있는 십대들입니다.

게다가 그들은 매우 힘든 상황에 처해 있습니다. 예를 들어, 〈더 차일드〉에서 아버지가 아기를 판다면, 이 영화에서는 아버지가 아들을 버리고 자신의 삶에서 잘라내려 하죠. 두 분은 매우 감정적이고 매우 강렬한 영화를 만드는데, 거기에 장밋빛 미래는 없고 인물들은 근

다르덴 형제

본적인 위기 상황에 처해 있습니다.

JPD 네. 다른 감독들의 경우도 마찬가지인지는 모르겠지만, 어쨌든 저희의 경우에는 이런 극단적인 상황들, 즉 일반적으로 있어서는 안 될 이런 깨어진 관계들에서부터 시작해 인간의 잠재력을 탐구하고 이야기를 이끌어가는 것 같습니다. 이런 극단적인 상황이 없다면 저희는 작업하기 어려울 거예요. 극단적인 단절의 상황은 어떤 면에서는 누군가 관계를 회복해야 한다는 것을 의미하기 때문에 좋은 재료가 될 수 있습니다. 아울러, 그런 상황은 사랑으로 누군가를 구하는, 예를 들어 시릴을 구하는 한 사람의 이야기를 탐구할 수 있게 해주죠. 시릴이 이 사랑을 받아들일까? 전에는 한 번도 이런 이야기를 해본 적이 없었습니다. 저희 영화에는 악이 훨씬 더 많이 존재했고 훨씬 더 많이 맴돌았기 때문이죠. 물론 이 영화에서도 아버지가 아들을 버린다는 점에서 악이 맴돌고 있다고 할 수 있습니다. 그러나 사만다와 시릴의 관계에는 모호함이 없습니다. 사만다가 소년을 돌볼 것인지에 대해서는 의문이 여지가 없지 않나요? 저희는 이 부분을 감정적이면서도 감상적이 되지 않게 촬영하고자 했습니다.

뤽 감독님, 그래서 아이는 부성적 인물을 대신할 모성적 인

물을 선택한 것으로, 아버지를 대신할 인물을 찾은 것으로 예상해볼 수 있습니다.

LD 네, 그래요. 그는 자신의 폭력성을 받아줄 수 있고 참아줄 수 있으며 그것을 잠재워줄 수 있는 한 여성을 만났습니다…….

상황의 극단적인 측면에 대한 제 질문과 관련해 한 가지 더 말씀드려보고 싶습니다. 어떻게 보면 영화가 탄생한 시기부터 관객들은 보편적으로 액션을 좋아해온 게 사실입니다. 이는 아리스토텔레스의 명제, 즉 갈등이 극예술의 가장 큰 동력이라는 명제와도 일치하죠. 연극과 소설에도 그렇지만, 영화에는 더욱더 많은 갈등의 상황이 존재합니다.

JPD 저희는 갈등 상황 없이는 영화를 만들기 어렵다고 생각하며, 스토리 없이 영화를 만드는 것도 어렵다고 생각합니다. 명상에 더 많은 것을 할애하는 영화의 한 흐름이 존재하고, 그로부터 매우 훌륭한 영화들이 만들어진 것도 사실입니다. 하지만 저희 영화에는 갈등이 필요하고 이야기가 필요합니다. 갈등이 있는 이야기를 실제적인 리듬으로, 신체들 간의 관계로, 그리고 저희 영화에서는 좀 덜한 편이지만 인물들의 심리적 동기로 최대한 표현하려 노력하는 것이 중요하죠. 저희는 그것을 다른 방식으로도, 이를테면 사물들과의 관계나 뜀박질, 이동 등으로도 표현해 보려고 노력합니다……. 영화를 시작할 때 저희는 갈등과 해소가 있고 잘 구성된 극적 이야기가 있어야 합니다. 말씀하신 것처럼 아리스토텔레스까지 거슬러 올라가는 어떤 전통 안에 저희가 위치하는 게 사실이죠.

LD 그래서 저희는 액션을 조합해가면서 인물들의 캐릭터를 만들어내지, 인물들의 캐릭터에서 출발해 액션을 찾아내지는 않는다고 생각합니다.

앞서 제가 말씀드렸듯이, 두 분의 많은 영화가 어린이와 청소년에 대해 이야기합니다. 따라서 두 분은 재능 있는 배우를 발견하고 찾는 일을 하셔야 하는데, 그것은 작업의 일부이자 동시에 커다란 모험이 될 것 같습니다. 이 영화에는 물론 훌륭한 여배우가 있고 잠시 후 그녀에 대해 이야기할 것이지만, 토마 도레라는 경이로운 배우의 발견도 있습니다. 이 열세 살 소년을 어떻게 찾으셨나요? 어떻게 일이 진행되었나요?

LD 한 명의 배우를 발견하고 그를 처음으로 촬영하는 것은 엄청난 기쁨입니다. 어떻게 그를 발견했느냐고요? 상당히 빨리, 꽤 놀라운 방식으로 발견했다고 할 수 있습니다. 그는 캐스팅 첫날의 다섯 번째 지원자였습니다. 저희는 직접 캐스팅과 촬영을 진행했고, 그와 함께 연기도 해보았죠…….

촬영하면서 테스트하셨나요?

LD 네, 항상 그렇게 합니다. 저희는 신문과 인터넷 등에 광고를 냈고, 500~600장의 사진을 받아 그중에서 150장을 골랐습니다. 그리고 150명을 만나 테스트 촬영을 했죠. 그 소년은 2010년 4월 27일, 캐스팅 첫날의 다섯 번째 지원자였습니다. 그와 함께 영화의 첫 장면에 해당하는 작은 신을 찍었어요. 아이가 전화기와 전화기 줄을 손에 들고 아빠가 전화를 받아 대답하기를 기다리는 장면이었습니다. 토마는 눈빛과 떨리는 손 등 온몸으로 집중력을 보여주면서 아빠의 목소리를 기다렸어요. 심지어 그는 촬영하고 있는 관객인 저희마저도 작은 비디오 화면에서 아빠를 기다리게 만들었죠. 저희는 이 아이에게 뭔가 특별한 것이 있다고 생각했습니다. 그런 느낌을 준 사람은 이 아이뿐이었죠. 저희는 그를 두 번 더 오게 했는데, 매번 모든 장면에서 점점 더 좋아지는 모습을 보였고 더욱 뛰어난 기억력과 지능을 보여주었습니다. 가라테 유단자라 그런지 기억력이 좋았는데, 가라테는 동작을 많이 외워야 하기 때문에 아이가 동작을 외우는 데 도움이 되었던 것 같습니다……. 정말로 저희는 오랜 시간 연기를 해온 배우와 작업하는 것 같았습니다. 그가 유일하게 제대로 하지 못했고 조금은 힘들어 보였던 연기는, 다른 사람의 몸을 만지거나 다른 사람이 자신을 만지는 것이었습니다. 이 영화에는 싸움이나 포옹 등 접촉해야 하는 장면들이 많았거든요……. 하지만 2~3주 만에 그는 극복해냈습니다. 그 나이에는 조심스러울 수밖에 없고 사람의 몸이 약간 이상한 것처럼 느껴지기 마련이죠. 시간이 좀 걸렸지만 일단 극복하고 나니 정말 훌륭했고, 아이가 항상 기분이 좋은 상태여서 놀라웠습니다. 이번 영화가 저희의 다른 영화들보다 조금 더 차분하고 조금 더 단순하다면, 그것은 아이와 함께 매일 아침 좋은 기분으로 일을 시작하고 하루 종일 기분이 좋았기 때문일 겁니다……. 그는 저희 팀에, 그리고 리허설 작업에 무언가를 가져다주었어요. 정확히는 모르겠지만, 그 아이 덕분에 영화 밖에서 무슨 일이 일어났고, 그것이 영화에 반사되어 나타났습니다. 잊을 수 없는 경험이었어요.

하지만 그 후에도 테스트하러 온 사람들이 많았겠죠. 지원자는 몇 명이었나요?

JPD 150명을 테스트 촬영했는데, 약간 모순적인 상황에 처하게 됐습니다. 마치 저희의 첫 직감이 못 미더운 것처럼,

"자, 캐스팅하기로 계획했으니 끝까지 가보자"라고 했던 거죠. 다른 사람들을 한 번씩 테스트해보는 동안 저희는 토마를 두 번 더 오게 했고, 그는 저희의 첫 직감이 옳다는 것을 확인시켜주었습니다. 토마는 불량소년의 용모도 아니었고, 틀에 박힌 외모에서도 벗어나 있었어요. 약간 마른 체형인 그가 영화에서 여러 번 싸우는 것도 재미있게 느껴졌습니다……. 육체적으로 그는 왕초 타입이 아니었으니까요. 또한 그가 외관상 정말 어린아이처럼 보인다는 것도 깊은 인상을 주었습니다. 그것은 저희에게 중요한 기준이었는데, 저희가 사진을 보고 뽑은 일부 지원자들이 실제로 봤을 때는 열세 살임에도 키가 165센티미터에서 170센티미터 정도 되었기 때문이죠! 미장센에서 아이와 어른 사이의 키 비율이 중요하리라는 것을 알고 있었기 때문에, 그렇게 큰 신장은 불가능하다고 판단했습니다. 토마는 신체적으로 어린아이이면서도, 내면에 일부 어른들만이 이따금 가질 수 있는 진중함과 진지함을 지니고 있었습니다. 즉 그에게는 이 두 가지 측면이 잘 결합되어 있었고, 시릴 역을 위해 아주 좋은 거였죠. 왜냐하면 뤽이 얘기한 것처럼, 시릴은 아이들이 보통은 겪지 않는 문제를 겪게 된 소년이기 때문입니다. 저희는 토마와 함께 작업을 시작하자마자 두 달 동안 리허설을 진행했는데, 리허설

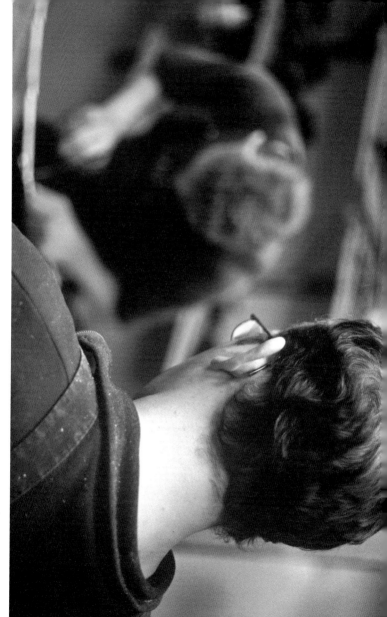

다르덴 형제

장 피에르 다르덴·뤽 다르덴
미셸 시망

김호영 옮김

다르덴 형제를 소개할 때 흔한 수사는 '칸영화제 황금종려상을 두 번 수상'한 감독이라는 것입니다. 그 수식어 때문인지 그들은 처음부터 거장이었던 것처럼 느껴집니다. 다르덴 형제가 프랑스의 영화평론가 미셸 시망과 함께한 네 번의 인터뷰와 한 번의 영화 수업이 담겨 있는 『다르덴 형제』는 그들이 다큐멘터리와 극영화 사이에서 자신들만의 리얼리티를 찾아가는 과정, 실패한 시도와 소소한 성공들, 영화를 찍을 때 다짐하는 마음을 살펴볼 수 있는 기회를 제공합니다.

'존중하다respect'라는 단어는 '거듭해서 보다re-spectre'라는 뜻의 라틴어에서 유래했다고 합니다. 다르덴 형제는 한 인물을 오랫동안 보고 또 봄으로써 그의 본질을 최대한 담아내고자 합니다. 각본을 쓰고, 비디오카메라로 리허설하고, 배우를 캐스팅하고, 프레임을 구성하고, 촬영하고, 편집하고, 리듬을 쌓는 과정을 거쳐 그 인물은 인간으로서의 두께를 얻게 되죠. 다르덴 형제의 존중하는 시선은 얼음처럼 딱딱한 세상에 온기를 불어넣고 이야기 속 캐릭터가 생생히 살아 움직이게 합니다. 『다르덴 형제』를 읽으면서 세상을 바라보는 그들의 시선을 선물처럼 받아보시길 바랍니다.

마음산책 드림

기간 동안 그는 자신이 영화의 중심이라는 것을 제대로 이해했습니다. 모든 배우가 왔다 갔다 하는 것과 달리, 토마는 항상 저희와 함께 있었기 때문이죠. 곧바로 그는 영화에 대한 책임을 스스로 짊어졌습니다. 열세 살 때 제 모습을 어렴풋이 기억하고 있는데, 저는 결코 그렇게 할 수 없었을 것 같아요. 저로 말하자면, 주변에 40~50명의 어른들이 있으면 연기를 진전시키지 못해 아무도 못 움직이게 했을 겁니다.

LD 그리고 아이는 이따금씩 입안에 무언가 있는 것처럼 입꼬리가 약간 처지면서 슬픈 표정이 되었는데요, 그러다 어느 순간 기운을 차리고 슬픔에서 기쁨으로 넘어왔습니다…….

뤽 감독님, 장 피에르 감독님이 리허설에 대해 말씀해주셨는데요. 두 분의 영화가 주는, 마치 삶을 현장에서 포착한 것처럼 생생한 이 놀라운 느낌은 사실 촬영하기 몇 주 전부터 시작되는 상당한 분량의 준비 작업 덕분이라고 봅니다. 리허설은 정확히 어떻게 진행되나요? 실제 촬영 장소에서 카메라로 촬영하면서 진행하시나요? 단지 시나리오 리딩만 하시는 건 아니죠?

LD 리딩은 따로 하지 않습니다. 저희는 촬영하기 두 달 전 월요일 아침부터 비디오카메라로 리허설 작업을 시작합니다. 우선은 실제 촬영 장소에서 장면들을 촬영해보고, 매일 저녁 의상감독 및 배우들과 함께 고른 의상을 배우들에게 입혀보며 점차 작업을 진행해갑니다.

JPD 소품도 갖춰놓고 해보죠.

LD 소품들도 대부분 리허설 첫 주에 이미 선택됩니다. 그런 다음에 저희는 자유롭게 작업을 진행합니다. 저희는 결코 "주목하세요, 우리가 지금 정한 것을 촬영 당일에 다시 할 겁니다"라고 말하지 않습니다. 토마에게도 그것을 설명해야 했죠. 예를 들어, 촬영장에서 토마가 "이번에 정한 것을 나중에 똑같이 하면 되나요?"라고 물으면, "아니, 나중에 다른 걸 할 수도 있어"라고 답했습니다. 그 아이는 항상 돌진할 준비가 되어 있었기 때문에 조금은 자제시켜야 했죠. (웃음) 아무튼 저희는 모든 장면을 아주 오랫동안 리허설했습니다. 그러면서 다양한 버전을 무수히 시도했어요. 이렇게 넘어지고, 저렇게 넘어지고, 이렇게 달리고, 저렇게 자전거에 올라타고, 자전거 탄 상대를 이렇게 넘어뜨렸다가, 저렇게 넘어뜨리고……. 저희는 그렇게 문제를 해결했습니다. 막상 촬영장에 들어갔을 때는 아주 자유롭다고 느꼈죠. 95퍼센트의 숏이 이미 리허설에서 작은 비디오카메라로 촬영하며 결정된 것들이었으니까요. 때때로 움직임이 약간 달라졌지만, 그것 또한 30~40일 동안의 리허설에서 저희가 최종적으로 결정한 것과 어느 정도 유사했습니다. 이렇게 움직임이 약간만 달라진 건 처음이었는데, 보통 리허설에서는 그렇게 멀리 나아가지 못하기 때문에 촬영 현장에서 처음부터 다시 시작하며 제대로 연구하는 경우가 많았기 때문이죠.

이 수많은 리허설, 배우들과 대본과 함께하는 6주 또는 두 달 동안의 작업. 이것은 나중에 테이크의 수를 줄이는 결과로 이어지나요?
JPD 이번에 처음으로 그렇게 되었습니다. 우선은, 초반부터 토마를 지치게 하고 싶지 않았고 또 촬영이 그에게 즐거운 일이 되어야 했기 때문에 촬영 횟수를 훨씬 더 적게 가져갔습니다. 그래서 촬영 초반에는 '집중하자, 촬영 횟수를 줄이려고 노력하자'라고 다짐했고, 그러다 어느 시점부터는 "좋아요, 됐으니 다른 장면으로 넘어가죠"라고 말하려 노력했죠. 그러면서 촬영 현장이 더 역동적으로 돌아갔고 자연스럽게 테이크 수를 최소한으로 줄이는 방향으로 이어졌습니다. 아울러 저희는 리허설 중 점심시간에 다 함께 모여 식사를 했는데요. 토마와 세실 드 프랑스(사만다 역)가 함께 25일 정도 일했을 즈음에 우연히 클린트 이스트우드에 대한 얘기를 나누게 되었습니다. 세실이 클린트 이스트우드와 함께 영화 촬영을 막 끝낸 상태여서, 그가 어떻게 작업하는지 알고 싶었던 거죠. 대화 도중 세실은 다음과 같이 말했고, 옆에 있던 토마도 그 얘기를 들었습니다. "클린트는 보통 원테이크로 촬영하고, 최대 투 테이크예요. 때로는 리허설할 때도 그렇죠." 귀가 먹지 않은 이상 그 말을 못 알아들 리가 없죠. "감독님들은 어떻게 해요?" 하고 아이가 물었습니다. "글쎄, 곧 알게 되겠지만 우리는 좀 달라. 보통 우리는 조금 더 많이 촬영하지. 하지만 좀 줄여보려고 해……." 그러고는 첫날부터 마지막 날까지, 날마다 아이는 매 테이크 전에 "뤽, 장 피에르 감독님, 원테이크로 가나요?" 하고 물었습니다. 결국 한 장면을 원테이크로 찍는 데 성공했는데요, 바로 서점 주인 아들이 밀어서 아이가 자전거에서 떨어지는 장면이에요. 아이는 평소처럼 "원테이크로 가나요?" 하고 물었죠. 실제로 촬영이 끝났을 때 저희는 다른 장면으로 넘어가자고 말했고, 아이는 무척 기뻐했습니다. 안타깝게도 그날 세실은 촬영장에 없었어요. 그래서 토마가 이렇게 말했습니다. "저희가 원테이크로 찍었다고 말하면 그녀가 믿을까요?" "네가 세실에게 말하면 믿을 거야." 그는 기뻐했고 저희도 정말로 좋았습니다.

이 영화를 통해 두 분은 몇 가지 변화를 가져왔고, 새로운 시도

들도 선보였습니다. 예를 들면, 물론 매우 짧게 등장하지만 베토벤 〈피아노 협주곡 5번〉 '황제' 같은 음악이 그렇죠. 음악으로 가득 찬 영화와는 거리가 멀지만, 이 영화에는 음악이 어떤 실마리처럼 사용되는 순간이 네 번 있습니다. 두 분의 영화에서 처음으로 음악이 필요하게 된 이유가 무엇일까요?

LD 시나리오를 쓸 때 이미 음악이 필요할 것 같았습니다. 스태프들이 너무 많은 질문을 하는 것을 피하기 위해 미리 언급하진 않았지만, 저희는 처음부터 음악이 필요하다고 생각했어요. 음악이 높은 곳에서 곧바로 내려와야 한다고 판단했습니다. 영화 안에서 흘러나와서는 안 되고, 액션이나 줄거리에서 나와도 안 되며, 음악이 줄거리를 다시 극화시켜도 안 된다고 생각했죠. 저희는 이 음악을 시릴이 기다리는 어루만짐 같은 것이라고, 그에게 결핍된 무엇이라고 생각했습니다. 베토벤 〈피아노 협주곡 5번〉 시작 부분의 아다지오가 바로 그런 부드러움을 선사하죠. 이후 이 음악이 세 번 재등장하는데, 항상 영화 밖에서 대기를 떠돌던 음악이 마지막에는 사만다의 사랑으로 인해 대지에 내려오게 됩니다. 엔딩크레디트에서도 이어지고 영화가 끝날 때까지 계속되죠. 영화 마지막에 시릴이 사만다의 집으로 가는 것은 사만다의 사랑 안으로 들어가는 것이자 음악 안으로 들어가는 것이라고 할 수 있습니다. 음악이 바로 사랑이기 때문이죠. 영화는 예술이며, 예술에는 우리가 설명할 수 없고 입증할 수 없는 직관이 있습니다. 저희가 시도한 것은, 사만다가 아이를 입양하면서 되고자 했던 것이 바로 이 음악 같은 것임을 느끼게 하는 거였죠. 따뜻함과 어루만짐, 다정함에 대한 필요 같은 것 말이죠. 음악이 흐르는 순간에 관객은 꽤 고통스러운 상황, 아니 고통 이상의 상황에 처한 아이와 관련해 그러한 가능성을 경험하게 됩니다. 저희는 항상 질문하죠. "이 순간에 관객은 무슨 생각을 할까? 이 생각을 할까, 아니면 저 생각을 할까?" 관객은 두 가지 생각을 다 합니다. 그래서 저희는 항상 그런 식으로 장면을 구성하죠. 그런 이유로, 장 피에르는 '연출한다는 것은 무엇을 숨기는 거고, 무엇을 보여주는 걸까?'라고 자문합니다. 숨긴다는 것은 단지 프레임을 통해 숨기는 것만을 의미하지 않고, 대사를 통해 숨기는 것도 의미하죠. '나는 무엇을 말하지 않고, 무엇을 말하는가'라는 점입니다. 그렇게 해서 관객은 무슨 일이 일어나는지 알기도 하고 모르기도 하며, 무언가를 추측하거나 가정하다가 다음 장면에서 캐릭터의 행동에 의해 저지되기도 합니다. 저희는 관객을 놀라게 하려고 노력하고요……. 이게 저희의 기질이라고 생각하는데, 오랫동안 그럴 수 없을 거라 여겨졌던 인물의 관대함

다르덴 형제

을 보여주면서 관객을 놀라게 하는 것을 좋아합니다.

두 번째 새로움은 유명 여배우의 출연입니다. 매우 잘 알려진 배우이자, 어떤 면에서는 성적 매력이 넘치는 배우인 세실 드 프랑스 말이죠. 그녀는 믿을 수 없을 정도로 영화에 잘 녹아들었습니다. 어떤 배우가 지닌 스타의 위상을 잊게 하는 건 매우 어려운 일인데, 그녀는 정말 영화의 풍경 속 한 인물이, 다르덴 형제의 풍경의 일부가 되었다고 생각합니다.

JPD 사람들은 늘 저희에게 말했습니다. 당신들은 두 명의 감독이고 이성애자이기 때문에, 성인인 유명 여배우와 결코 함께 작업할 수 없을 거라고요. 어린 소녀라면 몰라도 성인 여성은 절대 안 될 거라고 했죠. 여러 사람이 그렇게 말했습니다. 어쩌면 그들이 옳을 수도 있고 아닐 수도 있었지만, 어쨌든 저희는 한번 시도해보자고 생각했습니다. 조금 겁이 났던 것도 사실이지만, 저희는 이 영화에 유명 여배우를 위한 자리가 있을 것 같다고 판단했죠. 시나리오 작업을 시작하자마자 사만다 역을 위해 잘 알려진 여배우를 선택하자고 의견을 모았습니다. 저희가 선택한 배우가 시나리오를 좋아하고 시간이 비어 있기를 희망하면서요. 시나리오를 완성하는 순간 곧바로 세실 드 프랑스가 떠올랐습니다. 저희에게 사만다는 영화 안에 빛과 햇살을 가져다주는 사람인데 세실이 그것을 자연스럽게 해낼 것 같았죠. 다른 여배우들처럼 그녀는 많은 것을 해낼 수 있지만, 그녀만이 할 수 있는 것을 한 가지 꼽으라면 바로 햇살과 따뜻함을 가져오는 능력입니다. 세실은 분명한 존재감으로 관객을 사만다가 시작하는 모험 속으로 끌어들여야 했죠. 관객이 "그녀는 왜 이런 일을 하는 걸까?"라는 의문에 갇히지 않고 이 선의의 행동을 받아들일 수 있도록 하기 위해서는 바로 그런 능력이 필요했습니다. 이것이 저희가 그녀를 선택한 이유입니다. 처음에 저희가 가장 궁금해하고 불안해했던 것은 '그녀를 우리 영역에 들어오게 할 수 있을까' 하는 부분이었습니다. 또 '그녀가 어떻게 우리의 영역을 풍요롭게 만들어줄 수 있을까' 하고 걱정했던 것도 사실이죠. 세실과 함께한 두 달간의 리허설은 서로를 알아가고 신뢰하는 데 필요한 매우 중요한 시간이었습니다. 어느 순간이든 저희 중 한 명이 "어떻게 해야 할지 잘 모르겠어요. 다른 것을 시도해봐야 할 것 같아요"라고 말할 수 있을 정도로 서로 신뢰하게 된 거죠. 또한 저희는 소위 작업반장 같은 태도도 버리게 되었습니다.

뤽 감독님, 경험 많은 배우 세실 드 프랑스와 초보 배우가 짝을 이루는 문제도 있었을 것 같습니다. 두 사람의 연기를 어떻게 맞추어

가셨나요? 초보 배우의 경우 몇 번의 시도가 필요할 수도 있고, 바로 잘할 수도 있을 텐데요.

LD 저희는 리허설을 수없이, 수없이 반복했습니다. 모든 위대한 배우가 그러는 것처럼 세실은 아이와 함께 연기하는 것이 쉽지 않다는 것을 곧바로 깨달았죠. 아이가 있는 그대로 연기했기 때문에, 그녀 역시 많은 테크닉을 제거하고 있는 그대로 연기하는 방법을 되찾아야만 했습니다. 분명하고 순수한 현존이라 불리는 연기 방식을 되찾아야 했죠. 그녀는 이미 그것을 알고 있었고, 저희를 향해 커다란 발걸음을 내디뎌주었습니다. 저희와 같은 방식으로 생각하면서, "왜 내가 이것을 해야 하죠? 왜 내게 그것을 설명하는 거죠?"라고 묻지 않았죠. 그것은 이미 중요한 태도였고, 나머지는 그녀가 저희와 토마가 함께 일하는 방식을 보고 스스로 터득한 것 같습니다. 그리고 그 시점에 어떤 일이 일어났어요. 아이가 이렇게 생각한 거죠. '결국 감독님들이 나에게 요구하시는 것은 내가 항상 틀렸기 때문이야. 내가 이것이나 저것을 할 때 제대로 못했기 때문이지.' 이처럼 처음에 아이는 저희가 다시 시작하는 것이 자신 때문이라고 여기는 경향이 있었습니다. "나 때문인가요?"라고 물었죠. "아니, 너 때문이 아니라, 그냥 시도해보는 거고 재미있어서 해보는 거야." 그러다가 그는 저희가 세실에게도 "그건 아니에요, 다시 시작하죠. 이렇게 해봅시다"라고 말하거나 세실이 "다시 할게요. 이렇게 한번 해볼게요"라고 말하는 것을 보았습니다. 그때, 그는 이것이 무언가를 찾는 과정이라는 것을, 무언가를 발견하는 과정이라는 것을 알게 되었죠. 저희는 함께 식사하러 가서 이야기를 나누곤 했는데, 모두가 아이의 눈높이에 맞춰주었고 그 점이 정말 좋았습니다. 그리고 한 가지 더 말씀드리고 싶은 게 있습니다. 저희 기술 팀도 알고 있는 건데, 배우들은 촬영장에서 리허설을 할 때 기술 팀과 촬영감독, 카메라맨이 있으면 때때로 특이한 행동을 합니다……. 그들 앞에서 빛을 발하고 싶어 하죠. 그러면 바로 감독에게서 멀어집니다. 감독은 "젠장, 지금까지 일한 게 다 헛수고가 됐네. 배우들이 또 촬영감독을 유혹하고 싶어 하는군……"이라고 말하죠. 저희에게는 그런 일이 일어나지 않습니다. 저희 팀이 저희의 작업 방식을 좋아하고 그래서 항상 뒤로 물러나 있기 때문이죠. 촬영감독, 카메라맨 혹은 오디오 감독이 배우에게 "잘했어요. 당신은 이랬고, 당신은 저랬어요"라고 말하는 일은 절대 없습니다. 기술 팀은 촬영장에 도착하는 순간 저희 세계로, 다시 말하면 다르덴 형제와 배우들의 세계로 들어옵니다.

장 피에르 감독님, 베토벤 음악과 유명 여배우 세실 드 프랑스라는 두 가지 새로움에 대해 얘기해보았습니다. 세 번째 새로움도 있죠. 바로 계절입니다. 예를 들면, 길가에서 즉흥적으로 피크닉을 하는 장면이 떠오릅니다. 햇살이 세실 드 프랑스와 토마 도레가 연기하는 인물들을 따뜻하게 감싸죠. 이 또한 주로 겨울이 배경인 두 분의 영화에서는 익숙하지 않은 점입니다. 영화에는 밤 장면이 많지만 그럼에도 왠지 화창한 느낌을 주죠. 늘 찍으시던 장소인데도 말이죠.

JPD 말씀하신 대로, 이 영화는 여름에 촬영했습니다. 무엇보다 드라마 구성상의 이유로 처음부터 그렇게 찍을 생각이었죠. 일부 장면들에서 나무에 나뭇잎이 무성해야 했는데, 겨울에는 그것이 불가능했기 때문입니다. 그런데 이게 이유 중 하나이긴 하지만, 주된 이유는 아닙니다. 저희는 촬영장을 가득 채우는 빛과 따뜻함이 저희가 이야기를 통해 전달하고자 하는 바를 더욱 강조할 것이라고 생각했습니다. 또 사만다가 아이에게 가져다주고 싶어 하는 따뜻함과 사랑의 분위기를 더욱 강조할 수 있을 것 같았고요. 이야기가 펼쳐지는 동안 나무에 나뭇잎이 매달려 있는 것도 좋았습니다. 거기에 생명이 있는 거니까요. 얼굴에 빛이 아른거리고 구석의 배경에도 약간의 빛이 보이는 게 좋았습니다. 어느 순간에 작은 구름이 지나가고 햇살의 흔적이 조금씩 자리를 이동하는 것이 좋았어요. 무언가 사각거리는 듯한 느낌을 주거든요. 저희가 하고 싶은 이야기에 그것을 둘러싸고 있는 세상과 자연의 속삭임이, 햇살과 나뭇잎의 살랑거림이 필요할 것 같았습니다.

영화평론가나 단순히 책을 많이 읽는 사람들은 자신이 확실히 알고 있지 않은 레퍼런스를 자꾸 언급하려는 성향이 있습니다. 지금까지 언급된 적이 없는 영화의 일면이지만, 저는 불법 세계와 갱단에 발을 들이는, 거의 고아나 다름없는 이 소년을 보면서 『올리버 트위스트』를 떠올렸습니다. 올리버도 일종의 암거래상인 페이긴과 어울리고 그를 위해 일하게 되는 점 등이 비슷하죠. 또 소년이 훔친 돈을 아버지에게 주러 갔다가 아버지가 소년의 얼굴에 돈을 던지는 장면에서는 제임스 딘이 연기한 인물이 아버지를 찾아가 돈을 건네는 엘리아 카잔의 영화 〈에덴의 동쪽East of Eden〉이 떠올랐습니다. 전적으로 현실에서 포착한 것에 기반을 두는 이야기에서도 신기하게 어떤 전형적 요소 혹은 문학적인 요소를 발견하게 되는 거죠.

LD 네, 그것은 무의식적으로 이루어진 것이라 할 수 있을 것 같네요. 말씀하신 걸 들으니, 저도 『올리버 트위스트』와 〈에덴의 동쪽〉이 떠오르긴 합니다. 저희는 〈에덴의 동쪽〉을 포함해 카잔의 많은 영화를 보았죠. 맞는 말씀인데, 이것은 먼 곳으로부터 돌아와 다시 나타나는 일들이라고 생각합니다.

네, 불행한 어린 시절은 인류의 밑바닥을 이루는 것 중 하나죠. 그런데 시나리오의 어느 지점에서 이 불법 세계적 요소를 도입하게 되셨나요?

LD 불법 세계적 요소는 아버지와의 단절이 발생할 때, 즉 아버지가 "아니, 이제 끝났어"라고 말할 때 개입하게 되었습니다. 저희는 시릴이 곧바로 사만다에게 갈 수는 없을 거라고, 소위 '대체 아버지'의 유혹을 받을 수밖에 없고 그가 시릴을 제대로 사로잡을 거라고 생각했죠. 패거리의 리더이자 마약상이기도 한 이 불법 세계 속 청년은 자신도 고아였기 때문에 애정결핍과 인정 결핍, 사랑 결핍이 어떤 것인지 잘 알고 있었습니다. 그래서 소년을 유혹하는 방법도 잘 알고 있었고요. 따라서 이 인물이 필요했는데, 조금 전에 말했듯이 저희는 여성이 소년을 구하기를 원하는 동시에 여러 아버지, 여러 남자의 초상을 묘사하고 싶었습니다. 자식을 버리는 아버지, 유혹하는 아버지, "사만다, 이 아이야 나야? 내가 당신을 떠나거나 당신이 아이를 떠나거나 둘 중 하나야"라고 말하며 질투하는 아버지, 그리고 "우리가 때린 게 아니라고 말해야 해"라고 거짓말하는 서점 주인 아버지가 있죠. 그래서 영화에 또 다른 나쁜 아버지가 될 수 있는 이 웨스라는 청년을 등장시키는 것이 흥미로웠습니다. 그는 심지어 소년에게 자신의 집에 와서 살라고 제안하고, 자신의 조부모가 소년을 환대하는 가족이 될 수 있다고 제안하기도 하죠. 그는 소년을 유혹하고 끌어들일 뿐 아니라 사만다의 품에서 멀어지게 할 수 있었습니다.

영화의 촬영 장소는 배우들의 동선과 관련해 어떤 역할을 하나요? 교육 센터, 미용실, 오프닝 장면에서의 작은 사무실 등을 선택하신 이유가 궁금합니다. 이러한 공간들은 배우들의 움직임과 관련해 어떤 역할을 하는지요? 처음에 말씀하셨듯이, 영화에 액션 장면, 신체적 충돌, 신체적 대치, 밀치기, 사고 등이 많이 등장하기에 질문드립니다.

JPD 장소는 저희에게 중추적인 역할을 합니다. 있는 그대로의 장소이든 정비된 장소이든, 저희는 항상 촬영할 장소에서 미리 리허설을 하기 때문이죠. 우선 저희는 장소들을 시험해볼 필요를 느끼는데, 배우들과 함께 오기 전에 저와 제 동생은 촬영할 장소에 가서 공간들을 시험해보고 미장센을 구상하는 데 장소가 도움이 될 수 있을지 알아봅니다. 모든 장소는 저희가 먼저 테스트해본 다음에, 배우와 함께 가서 다시 테스트하는 거죠. 아까 영화의 첫 장면에 대해 말씀하셨기 때문에 그 장면을 예로 들어보면, 리허설의 맨 처음 단계에서는 영화에서보다 훨씬 더 큰 공간에서 촬영이 진행되었습니다. 왜 그렇게 큰 공간에서 리허설을 했는지 모르겠지만, 저희가 조금은 지나치게 의도적으로 저희 영화의 반복되는 성향에서, 즉 작은 공간들에서 벗어나고 싶었던 것 같아요. 한번은 카메라맨이 저희에게 "감독님, 전화박스 같은 곳에 열 명이 들어가면 제가 들어갈 자리가 없을 것 같아요"라고 말한 적도 있었죠. 그래도 이건 너무 의도적이라고 생각했습니다. 넓은 장소에는 많은 가능성이 있겠지만 장면의 의미, 즉 소년의 흥분상태와 내면의 긴장감, 선생님으로부터 탈출하고 싶어 하는 마음 등이 제대로 표현될 수 없다고 보았기 때문이죠. 그래서 그냥 단순하게 보육원의 사무실, 그 작은 방으로 옮겨봤습니다. 그런데 그 순간 곧바로 저희는 카메라가 위치할 자리, 시릴의 자리, 보육원 직원의 자리, 그리고 시릴이 당구대를 돌아서 도망쳐 달려갈 동선 전체를 찾아냈습니다. 책상 아래로 사람이 지나갈 수 없었기 때문에 단지 책상 하부만 조금 손보았죠. 아이가 통과할 수 있도록 책상 하부를 톱으로 잘라낸 덕분에 카메라도 원활하게 움직일 수 있었습니다. 리허설을 거듭하다 어느 순간 깨달은 것입니다. 저희가 마치 거기에 사는 사람처럼 최소한만 변경하려 애쓰면서 일종의 단순한 미장센을 추구하고 있다는 사실을요. 결국 카메라를 약간만 움직이면서 인물들이 그 공간 안에 살게 내버려두는 방식을 택했습니다.

뤽 감독님, 움직임에 대한 감독님의 취향, 달리기에 대한 감독님의 진정한 취향으로 마무리해야 할 것 같습니다. 영화에는 에너지가 넘치는데요. 어떤 면에서 토마 도레가 맡은 시릴이라는 인물은 로제타를 떠올리게 합니다. 일종의 에너지 덩어리 같은 인물, 당구공처럼 돌진하는 인물이라는 점에서 그렇죠. 두 영화의 미장센과 등장인물 사이에는 어떤 밀접한 관계가 있는 것처럼 보입니다.

LD 네, 〈로제타〉에서 저희가 그녀를 졸병처럼 따라다니면서 카메라가 좀 더 그녀 뒤에 붙어 있었던 것을 제외하면 그렇습니다. 그리고 이번 영화에서 카메라가 마치 사이클 선수를 촬영할 때 그러는 것처럼 옆에 붙어 평행하게 따라다닌 경우를 제외하면요. 이 영화에서는 에너지와 움직임의 속도에 집착한 게 사실입니다. 아이가 창문을 두드리며 "아빠, 아빠" 하고 외칠 때, 초당 24프레임보다 더 빠르게 움직여서 순간순간 그가 어디 위치하는지 보이지 않을 정도였죠. 저희는 그런 모습이 아주 마음에 들었고, 아빠를 되찾고 싶어 하는 아이 내면의 간절함과 긴박감이 표현되는 것 같아 좋았습니다. 사실 〈로제타〉에서는 카메라가 로제타에게만 매달려 있었던 것 같아요. 이 영화에서는 시

다르덴 형제

릴과 사만다를 함께 촬영했고 때때로 두 사람을 한 프레임 안에 넣어야 했기 때문에 카메라는 멀리 물러나 있어야 했습니다. 1미터 72, 73센티미터의 몸과 1미터 44, 45센티미터의 몸을 같이 담아내려면요……. 카메라는 아이의 높이에, 즉 토마의 눈높이에 맞춰졌고, 촬영기사와 보조 촬영기사들은 카메라를 흉골에 고정시킬 수 있는 시스템을 찾아냈습니다. 그리고 저희는 로앵글로 촬영하는 것을 원하지 않았기 때문에, 카메라가 아이의 시점에서 출발해 어른의 얼굴을 촬영하고 다시 돌아오는 방식을 택했습니다. 이를 위해 리허설도 꽤 많이 해야 했죠. 이런 순간들과 비례해 평온과 진정의 순간들을 갖는 것도 좋았습니다. 영화는 결국 마지막에 평정을 찾는다는 내용이기 때문이죠. 그런 평온의 순간들이 몇 번 있었는데, 특히 아이가 잠들었을 때 그랬습니다. 영화 처음부터 '이 아이는 움직이고, 멈추지 않고, 계속 움직이네……'라고 생각하게 되는 순간이 몇 번 있었습니다. 마치 움직이면서 어디론가 가고 싶고, 날아가고 싶고, 결코 찾아낼 수 없는 것을 찾고 싶은 것과 비슷한 거였죠. 그 아이는 실제로 약간은 그런 상태에 있었다고 할 수 있습니다.

영화 〈내일을 위한 시간〉에서

〈내일을 위한 시간〉에 대하여

2014

안녕하세요, 오늘은 장 피에르 다르덴과 뤽 다르덴 감독님을 초대해 칸영화제 경쟁 부문에 출품한 새 영화 〈내일을 위한 시간〉에 대해 이야기를 나눠보려 합니다. 곧 수상작들이 발표될 예정인데, 영화는 이미 파리에서 개봉돼 대단한 호평을 받고 있습니다. 마찬가지로 상당히 큰 성공을 거두었던 〈자전거 탄 소년〉보다 이미 세 배나 많은 관객이 들었죠. 장 피에르 다르덴과 뤽 다르덴 감독님에 대한 관객 충성도가 얼마나 높은지 잘 알 수 있습니다. 영화의 주인공은 태양광 패널 공장에서 일하는 산드라이며 마리옹 코티야르가 그 역을 맡아 연기합니다. 산드라의 정리해고를 결정하는 투표 결과, 투표에 참여한 열여섯 명의 동료 중 두 명을 제외한 과반수가 그녀의 해고를 지지해 그 대가로 보너스를 받기로 결정되었죠. 그래서 그녀는 주말 동안 반대표를 던진 열네 명의 투표인을 만나 다시 그녀를 위해 재투표하도록, 즉 과반수를 확보할 수 있도록 설득해야 합니다. 이것은 분명히 시드니 루멧의 영화 〈12인의 성난 사람들12 Angry Men〉*과는 매우 다른 출발점입니다. 루멧의 영화에서는 모든 투표 과정이 비공개로 진행되지만 이 영화에서는 그렇지 않기 때문이죠. 또한 루멧의 영화에서 헨리 폰다가 그랬던 것처럼 다른 사람을 위해 투표해달라고 간청하는 것보다, 자기 자신을 위해 투표해달라고 간청하는 것이 더 어려운 게 사실입니다. 이 영화에서도 두 분의 독특하고 강렬하며 비판의 여지없이 명징한 스타일을 다시 만나게 됩니다. 동시에, 조금은 새롭고 거의 히치콕적인 느낌도 드는 것 같아요, 장 피에르 감독님.

JPD 저희는 계속 발전하고 있습니다. (웃음)

스스로에게 충실하면서 동시에 변화를 추구하는 영화감독이 있다는 것은 좋은 일입니다.

JPD 맞아요. 매 영화가 저희에게는 약간의 도전인데, 도전은 어쩌면 큰 단어일 수도 있습니다. 동생과 저는 지금까지 저희가 만든 영화가 같은 계열에 속한다는 것을 잘 알고 있죠. 저희 나름대로 영화에 대한 바람, 욕망, 의지를 가지고 있는데, 그것이 매번 새롭다고 말씀드리기는 어려

* 시드니 루멧의 1957년 영화. 십대 소년이 아버지를 살해한 혐의로 기소된 살인사건의 배심원 심의를 다룬다. 배심원 심의의 역학과 개인적 편견이 사법제도에 미치는 영향을 심도 있게 탐구한 작품.

다르덴 형제

울 것 같습니다. 우선은 저희에게 새로워야 하고, 그럴 경우 대중에게도 새로운 것이 될 수 있겠죠.

영화에 대해 이야기하기 전에, 칸영화제에 영화가 출품된 것에 대해 잠깐 언급해보겠습니다. 두 분의 삶에는 두 개의 극極이 존재한다고 할 수 있는데요. 한쪽에는 두 분의 고향이자 두 분이 모든 영화를 만든 장소인 세랭이 있습니다. 이곳은 두 분의 포크너적인 측면을 이루죠. 다른 한쪽에는 세계에서 가장 큰 영화제인 칸영화제가 있습니다. 두 분은 이 두 극 사이에 존재한다고 할 수 있는데요. 정기적으로 영화제에 초청되고 있고, 무엇보다 감독주간 섹션에서 〈약속〉으로 주목받으면서 세상에 알려지게 된 사실을 강조해야겠죠. 그 후로 두 분의 역량이 만개하면서 두 개의 황금종려상 및 기타 상들을 수상하게 되었습니다. 저는 감독주간 섹션에 대해 높이 평가하고 싶은데, 올해에도 존 부어먼의 장엄한 신작 〈퀸 앤드 컨트리〉를 선보였고, 영국 내셔널갤러리에 관한 프레더릭 와이즈먼의 뛰어난 다큐멘터리영화를 소개했으며, 최고의 여성영화 중 하나인 로니트 엘카베츠의 영화도 소개했습니다. 경쟁 부문에는 여성영화가 한 편도 없습니다. 그리고 병행 섹션에서는 파스칼 페랑의 영화가 소개되었죠. 안타깝게도 이 최고의 여성 감독 두 분은 경쟁 부문에 초청받지 못했고, 그래서 더욱더 이 감독주간 섹션에 대해 언급하고 싶었습니다. 뤽 감독님, 칸영화제와 세랭에 대해, 이 두 극에 대해 한 말씀 해주실 수 있을까요?

LD '포크너적 측면'은 좋은 비유인 것 같습니다. 포크너
의 작품은 상상력의 산물이자 동시에 특정한 현실에서 영
감을 받은 것이고, 저희의 작품도 그렇죠. 세랭은 실제 도
시이면서도 상당 부분 상상 세계에 해당하는 곳으로, 저
희는 영화를 위해 많은 것을 재구성합니다. 영화의 인물
들은 그곳에 살고 있거나 그곳을 떠났다 다시 돌아오며,
산드라 같은 캐릭터를 상상하는 순간 곧바로 세랭의 거
리나 뫼즈 계곡 일대를 걷는 그녀의 모습이 떠오르죠. 그
곳에는 저희의 유년기, 청소년기의 기억이 있습니다…….
1970년대 들어서는 이 도시가 무너지는 것을 보았고 처음
으로 도시 변두리 지역이 버려지고 공동화되는 것을 보
았습니다. 마흔 개의 상점 중 두 개만 남았죠. 건물은 텅
비워졌고 공장은 문을 닫았으며 기차역은 철거되었습니
다……. 저희는 큰 충격을 받았습니다. 젊은 사람들이 홀
로 거리를 배회하는 걸 본 것도 그때가 처음이었죠. 세랭
은 집단이라는 개념이 의미를 지니던 도시였고 매우 중요
한 노동자들의 도시였기 때문에 그 충격이 더 컸습니다.
4만 명의 노동자들이 밤낮으로 쉬지 않고 일하던 곳이었
고, 플랑드르 지방에서부터 버스가 노동자들을 태우고 와
용광로와 제강소로 데려다주곤 했습니다. 이 도시, 언제
나 사람들로 가득 차는 곳이라고 알고 있던 이 도시가 비

다르덴 형제

워지면서, 저희는 정말로 무언가 해체되고 있다는 느낌을 받았어요. 이게 바로 세랭에 대해 제가 할 수 있는 이야기입니다. 칸에 대해 말하자면, 항상 많은 사람이 모이는 곳이죠. 영화제 기간 동안에는 기자, 비평가, 구경꾼, 시네필 등 수천 명이 넘는 사람들로 언제나 가득한 곳이고요. 저희는 저희의 영화가 벨기에와 칸, 두 나라에서 탄생했다고 말하곤 하는데, 감독주간 섹션과 〈로제타〉및 다른 영화들을 초청해준 경쟁 부문 덕분에 어느 정도 명성을 얻었기 때문입니다. 〈약속〉의 릴 필름을 들고 칸에 왔을 때 사람들이 이고르라는 소년과 그의 아버지 로제, 아시타 같은 인물들에게 관심을 가질지 궁금했어요. 저희는 칸에서 보인 관심에 정말로 깜짝 놀랐고, 저와 장 피에르 모두 오전과 저녁 상영회에서 받은 환대와 다음 날 언론에 실린 평을 절대 잊지 못할 겁니다……. 저희에겐 아주 기분 좋은 놀라움이었죠.

칸영화제는 돈과 화려함, 예술이 혼합된 혼종적 현상이기 때문에 두 분과 같은 감독들도 발굴될 수 있습니다. 다른 어떤 영화제도 칸처럼 이제 막 경력을 시작했거나 세 번째 영화를 만들었거나 혹은 올해 같은 경우엔 터키 영화감독 누리 빌게 제일란처럼 어느 정도 인정받은 사람들을 음지에서 끌어낼 수 있는 힘을 갖고 있지 못하

죠……. 칸을 비판하는 사람들은 샤를 페기Charles Péguy가 칸트 학설에 대해 말했듯이 깨끗한 손을 갖고 있지만 사용할 수 없는 사람들이나 마찬가지예요. 불행히도 저희는 그곳을 거쳐 가야 할 수밖에 없습니다.

JPD 상황을 잘 요약해주셨습니다.

장 피에르 감독님, 이 강렬한 주제는 어떻게 시작하시게 되었나요? 일반적으로는 대개 여러 조사들을 통해 주제를 찾지만, 두 분은 신문, 특히 사회면 기사를 자주 읽으시는 등 경제와 사회문제에서도 관심이 많으시잖아요. 이 시나리오를 쓰게 된 계기가 무엇이었나요?

JPD 여러 가지가 있습니다. 사람들에게 들었다가 기억 속에 간직하고 있는 이야기들이 있죠. 그중 하나를 10년 동안 끌고 오면서도 제대로 발전시키지 못했는데, 최근 2년 사이에 완성할 수 있었습니다. 피에르 부르디외가 쓴 『세계의 비참』*이라는 책도 토대를 만드는 데 도움이 되었던 것 같아요. 일련의 사회학적 조사와 분석을 담고 있는 책이죠. 책의 모든 글은 단편소설과 약간 비슷한 면이 있는데, 그중 하나인 「대표자의 혼란」이라는 제목의 글은 어

---

* Pierre Bourdieu, *La Misère du monde*, Paris: Éditions du Seuil, 1993(『세계의 비참 1·2·3』, 김주경 옮김, 동문선, 2000~2002).

느 노조 대표의 이야기를 들려줍니다. 그는 휴가를 마치고 돌아와서 자신이 대표를 맡은 노동자 그룹 내의 한 사람이 자리에 없다는 걸 알게 됩니다. 그 노동자는 모든 동료의 동의하에 해고당했는데, 그의 실적이 저조해서 팀이 더 많은 생산 수당을 받는 데 방해된다는 게 이유였죠. 노조 대표는 사람들에게 결정을 철회해달라고 설득했지만 소용이 없었고, 이 사실을 바탕으로「대표자의 혼란」이라는 글이 쓰였습니다. 이 이야기는 저희를 강하게 뒤흔들었습니다. 뤽이 말했던 모든 것과 저희 영화의 모든 이야기, 저희가 세렝을 통해 알고 있던 모든 것에 반하는 것이었기 때문이죠. 저희는 이탈리아와 미국 언론에서 읽었던 것들을 덧붙여 이 이야기를 더 견고히 만들었습니다……. 그렇게 영화가 시작됐고, 그때까지는 줄곧 노조 대표가 중심인물이었어요. 하지만 저희는 노조 대표가 주인공인 영화를 만들 생각을 해본 적이 없었기 때문에, 사만다라고 불리다가 이후 산드라로 불리게 된 한 여성이 영화에서 보는 것과 비슷한 일을 겪는 것으로 설정했습니다. 그러나 그녀 혼자 겪는 일로는 이야기를 발전시킬 수 없었습니다. 또 외부에서 온 인물을 추가했더니 전혀 다른 이야기가 되었죠. 이야기가 본격적으로 진행되기 시작한 건 그녀의 남편인 '마뉘'라는 인물을 등장시키고부터였습니

다. 그녀를 위해 투표했던 로베르와 쥘리에트의 도움을
받으며 그녀를 지지하고 그녀를 움직이게 한 것은 바로
이 남자였어요.

미국의 텔레비전 프로그램에서도 영향을 받으신 것 같습니다.
LD 네, 몇 년 전 〈르몽드〉가 미국의 한 리얼리티 방송에
대해 지면 하나를 할애해 다룬 적이 있습니다. 제가 알기
로 프랑스에서는 거부했던 콘셉트인데, 유럽으로 건너와
일부 시도되기도 했었죠. 이 리얼리티 방송은 저희가 영
화에서 한 것과 정반대의 내용이라 할 수 있습니다. 여기
서 관객은 일종의 노동자 죽이기 과정을 목격하게 됩니
다. 해고될 노동자에 대한 죽이기 과정이죠. 인사 팀 책임
자가 방송에 참여하는데, 저희 영화에서처럼 소규모 회사
소속입니다. 누가 해고될 것인가? 모든 사람은 누군가를
해고해야 한다는 데 동의하며, 아무도 저항하지 않거나
극소수의 사람만이 저항을 표합니다……. 어떤 일이 벌어
지는지 상상하실 수 있겠지만, 많은 이가 울거나 눈물을
떨굽니다. 시청자는 사회적 살인을 목격하고, 그게 방송이
트릭을 통해 만들어내려는 것입니다. 이 이야기를 들었을
때 저희는 이미 몇 년 동안 영화의 스토리를 작업하고 있
었고, 산드라가 복직하지는 못하지만 복직을 위해 싸울

것이라는 점을 알고 있었습니다. 굳이 말하자면 저희 영화의 서스펜스는 그 방송과 반대라고 할 수 있죠. 저희 영화의 서스펜스는 누군가를 죽이는 것도 아니고, 희생시키는 것도 아니며, 단지 연대를 되찾는 데 있습니다. 산드라는 결코 다른 이들에 의해 희생당하는 것처럼 나타나지 않고, 다른 이들 또한 누군가를 희생시키거나 만장일치로 희생양을 만드는 악인들이 아닙니다. 오히려 그녀는 다른 사람들을 잘 이해하며 이렇게 말하죠. "이해해요, 천 유로는 큰돈이죠. 당신이 보너스를 원하는 이유를 이해합니다. 제가 이 일을 저에 대한 반대로 여길 거라 생각하지 마세요. 어려운 일이라는 걸 알고, 저희 모두 약간은 사회적 두려움 속에 살고 있다는 것도 알아요. 내일이면 제가 일자리를 구할 수 있을까요? 언젠가는 청구서 요금을 모두 납부할 수 있게 될까요?" 산드라는 연대를 만들기 위해 돌아온 여성이지, 죄인들을 만들기 위해 온 여성이 아닙니다. 그녀가 만나는 동료 중 한 명이 자신을 지지하지 않더라도, 그녀는 그가 다른 경우라면 지지를 선택할 수도 있었다고 말합니다. 그녀는 책망하려고 그곳에 있는 게 아니며, 그곳은 법정이 아닙니다.

장 피에르 감독님, 두 분의 변화에서 흥미로운 점은, 바로 이전

영화인 〈자전거 탄 소년〉에서 아주 유명한 배우이자 세계적인 스타인 세실 드 프랑스를 캐스팅했다는 것입니다. 경탄할 만한 점은, 이처럼 잘 알려진 배우의 개성을 완전히 녹여내서 그녀가 두 분의 사회적 풍경 안에서 전혀 다른 역을 연기할 수 있도록 이끄셨다는 것이고요. 이 것은 두 분에게 위험을 감수하는 일일 텐데요. 먼저, 아주 훌륭한 배우인 마리옹 코티야르를 선택하신 이유가 무엇인가요? 왜 그녀에게 이 역을 맡기셨는지요? 논란을 일으키고 싶지 않지만, 제가 진정으로 존경하는 배우이자 당대 최고의 프랑스 여배우인 카트린 드뇌브가 〈어둠 속의 댄서〉*에서 노동자 역할을 맡았을 때는 그녀가 노동자라는 게 잘 와닿지 않았습니다. 그런데 이 영화에서는 정말로 마리옹 코티야르가 줄곧 태양광 패널 공장의 노동자였던 것처럼 믿어집니다.

JPD 스타 배우인 마리옹과 함께 작업할 때, 말씀하신 질문이 가장 먼저 머리에 떠오른 게 사실입니다. 저희에게 이 영화가 행복한 작업 경험으로 남아 있는 것은 마리옹이 저희가 바라는 바를 지지해줬기 때문입니다. 영화 속 배우들은 하나의 극단劇團이 되어서 모든 등장인물을 살아나

---

* 라스 폰 트리에의 2000년 영화. 아이슬란드 출신의 가수 비요크Bjork가 주연을 맡아 미국으로 이민 온 체코 여인의 비극적인 운명을 연기했다. 멜로드라마와 할리우드 뮤지컬 형식을 결합했으며, 100대의 디지털카메라를 이용한 실험적인 촬영 방식으로 유명하다. 2000년 칸영화제 황금종려상과 여우주연상을 수상했다.

다르덴 형제

게 해주었고, 산드라는 그들 중 한 노동자로 지낼 수 있었죠. 저희는 평소처럼 작업을 진행했고 리허설을 많이, 조금 더 많이 시행했습니다. 특히 촬영 장소에서의 리허설 작업이 성과를 거둔 것 같은데, 배우들은 각기 다른 의상을 가지고 와서 의상감독과 함께 실험해보았고 뤽과 저는 작은 카메라를 들고 오로지 배우들하고만 리허설을 진행했습니다. 리허설이 끝나면 배우들에게 "영화는 이미 한 번 만들어졌는데, 다음 주에 두 번째로 만들어보죠"라고 말했죠.

뤽 감독님, 어떻게 마리옹 코티야르에게 주인공 역할을 부탁하시게 되었나요?

LD 당시 저희는 교외에 사는 젊은 여성 의사에 관한 다른 시나리오를 작업하고 있었습니다. 그런데 마리옹이 저희가 공동 제작했던 영화 〈러스트 앤 본〉의 촬영차 벨기에에 와 있다는 걸 알게 되었죠. 마리옹에게 가능하면 15분 정도만 만나고 싶다고 했더니, 그녀는 "물론이죠!"라고 답했습니다. 그리고 아이를 품에 안은 그녀와 엘리베이터 근처에서 만났어요. 그녀와 인사를 나누었고, 얼마 지나지 않아 형과 저는 서로를 바라보며 깨달았습니다. 저희 둘 다 그녀에게 영화적으로 첫눈에 반한 것이 틀림없고 그

녀에게 저희를 사로잡는 무언가가 있다는 사실을요. 저희
는 어떻게 돌아갈지 지켜보자고, 저희의 시나리오에 대한
이야기는 하지 말자고 했지만, 결국 곧바로 그녀와 영화
에 대한 이야기를 나누었습니다. 그녀는 "정말 두 분과 함
께 일하고 싶어요"라고 말했죠. 저희는 물론 함께 일하고
싶다는 열망을 그녀와 공유할 수 있어서 기뻤습니다. 그
러고는 헤어져 집으로 돌아오는 길에 그녀에 대해, 그녀
의 눈빛과 표정에 대해 많은 이야기를 나누었죠. 하지만
저희는 시나리오를 포기한 채 더 이상 글쓰기를 이어가지
못했어요. 그러다가 2008년의 금융위기로 인해, 처음엔 재
정적인 위기였지만 몇 해가 지나면서 경제적, 사회적 위
기로 변한 그 위기로 인해, 저희는 이 이야기를 다시 시작
하자고 결심했습니다. 중단된 지점에서 다시 출발하기로
한 거죠. 그러는 동안에도 저희는 내내 그녀에 대해 생각
했습니다. 결국 언제 다시 한번 그녀를 만나러 가야겠다
는 생각이 들었죠. 그녀에게 부탁할 역은 더 이상 젊은 여
성 의사가 아니라 여성 노동자였습니다. 그녀는 "아주 좋
아요. 스토리가 정말 마음에 들고, 어쨌든 두 분과 함께 일
하고 싶어요"라고 말했습니다. 저희는 그녀를 제대로 보
고 싶었습니다. 그녀가 출연했던 영화를 몇 편 본 적이 있
지만 그 영화들이 우리의 의욕을 고취시켜주진 못했고,

다르덴 형제

그래서 제대로 그녀의 연기를 보고 싶었어요. 5주간의 리허설을 위해 세랭에 왔을 때, 마리옹은 곧바로 자신이 다른 사람이 되어야 한다는 걸 깨달았습니다. 그것이 그녀와 저희 모두가 원했던 것이기도 하고요. 리허설이 그 일을 가능하게 만들어주었던 것 같습니다. 간단히 설명하자면, 리허설은 촬영할 장소에서 이루어지며, 배우들은 미리 의상을 입어보고 매일 바꿔 입습니다. 저희는 그녀, 파브리치오 그리고 다른 모든 배우와 함께 많은 것을 시도했는데, 모든 신의 리허설 장소가 실제 촬영 장소가 될 것이었기 때문이죠. 리허설은 각자 자기 자신을 내려놓는, 말하자면 자아를 버리는 과정의 일종입니다. 제안을 두려워하는 배우, 혹은 모든 것을 말하지 못하는 감독으로서의 방어적인 태도를 버리는 과정이죠. 리허설을 통해 저희는 모두가 그 안에 들어가서 무언가를 찾아내는 일종의 작자 불명의 과정을 만들어낼 수 있습니다. 그리고 무언가를 찾아냈을 때, 저희는 배우들이 진정으로 참여했다는 느낌, 저희를 넘어서는 집단적인 무언가가 일어났다는 느낌을 받게 되죠. 매일 비디오카메라로 리허설을 촬영하고, 저녁마다 그것을 다시 보고, 둘째 날 저녁에는 러시 필름으로 다시 보면서, 저희는 "드디어 마리옹이 산드라가 되었네"라고 되뇌기도 했습니다. 파브리치오의 경우도 마찬가지예요. 그는 처음에 산드라의 몸에 대해 적절한 거리를 찾는 것을 어려워했지만, 리허설을 통해 마침내 마뉘가 될 수 있었습니다.

장 피에르 감독님, 말씀하신 리허설은 설명이 좀 필요한 과정인 것 같습니다. 사람들은 두 분의 영화가 전적으로 생생함을 간직하고 있는 영화라고 생각할 수 있는데, 놀랍게도 리허설이 그 생생함을 방해하지 않는다는 거죠. 여러 번 테이크를 시도하는 것도 사실성을 방해하지 않고요. 다시 말해, 두 분의 리허설은 이후에 단순히 리허설한 대로 영화를 촬영하기만 하면 되는 것처럼 미리 영화의 마침표를 찍지 않습니다. 히치콕의 영화가 시나리오를 쓸 때 이미 완성된다고 말하는 것과는 다르다고 할 수 있습니다.

JPD 네, 다릅니다. 리허설이 어떠했든 간에 촬영 첫날에는 아주 중요한 일이 일어납니다. 저희가 촬영하는 숏이 리허설 때 배우들과 함께 생각해낸 숏과 이상하게 닮았다고 해도요. 촬영 당일에는 순간의 마법이라고 부르는 것이 일어납니다. 저희가 "카메라, 액션"이라고 말하면, 모든 배우는 그 순간 어떤 일도 일어날 수 있다는 것을 알고 있죠. 저희는 다시 촬영할 거라는 걸 알지만, 이번이 처음이자 유일한 촬영이 될 것이라 다짐합니다. 하지만 막상 현장에서는 결코 유일한 촬영이 아닐 첫 번째 촬영이 4~5분

다르덴 형제

간 지속되기 때문에, 리허설 동안 배우들과 함께 찾아냈던 다양한 리듬이 우리 모두를 충전시켜주는 전선이 됩니다. 리허설은 또한 배우들이 자신을 버리고 등장인물들을 살아나게 하는 데 필요한 방법이기도 하죠. 저희가 했던 리허설을 다시 검토해보면, 촬영한 숏이 저희가 리허설한 것과 유사하다 해도 실제로는 전혀 다르다는 사실을 알게 됩니다. 배우들이 리허설을 통해 정말로 많이 변화했고, 그들의 신체가 제대로 존재감을 나타나게 되었기 때문이죠. 저희의 중요한 강박관념 중 하나는 관객이 공감하고 함께 여행할 수 있는 신체들을 영화 안에 존재하게 하는 것이라 할 수 있습니다.

LD 신체들이 반드시 영화 안에 존재해야 하죠.

배우에 대해 좀 더 이야기해보면, 물론 영화에 등장하는 여러 인물들에 대해 이야기할 수 있겠지만, 두 번째로 비중 있는 역을 맡은 배우이자 두 분 영화의 단골 배우 중 하나인 파브리치오 롱지온에 대해 듣고 싶습니다. 말씀하신 것처럼, 그가 마뉘 역을 맡았죠. 마뉘는 노동자계급에 관한 아주 훌륭한 영화인 〈황금 투구Casque d'Or〉*에서

---

*   자크 베케르의 1952년 프랑스영화. 벨에포크 시대를 배경으로, 성노동자 아멜리에와 갱단 두목 만다, 레카 사이의 삼각관계를 그린 드라마다. 파리 하층민들의 삶을 사실적으로 묘사한 것으로 잘 알려져 있다.

세르주 레지아니가 맡았던 배역의 이름이기도 합니다. 파브리치오 롱 지온은 올리비에 구르메와 함께 두 분 사단의 친숙한 일원인데요. 그를 선택하시게 된 계기는 무엇인가요?

LD 저희는 곧바로 파브리치오를 떠올렸습니다. 파브리치오에게는 무언가가 있다고 보기 때문이죠. 정확히 어떻게 정의해야 할지 모르겠지만, 로제타의 친구를 연기할 배우로 그를 선택했을 때부터 느낄 수 있었습니다. 로제타가 친구로 여기고 싶어 하지 않고 적으로 여겼던 친구, 그를 죽게 내버려두려 하고 일자리를 뺏으려고도 했던 친구 말이죠. 이 남자에게는 얼굴이 있고, 매우 사려 깊은 시선과 일종의 호의가 있습니다. 그 자체로 존재감이 있는 거죠. 그가 연기를 제대로 하지 않는다거나 배우로서의 일을 하지 않는다는 뜻이 아닙니다. 그는 물론 배우로서 연기를 합니다. 하지만 그는 분명히 그만의 존재감을 지녔고, 그것은 프레임 밖에 있을 때도 드러납니다. 그는 거기에 있고, 지켜보고 있으며, 당신은 그가 좋은 의도를 갖고 있다는 인상을 받게 되죠. 〈로제타〉에서 그를 촬영할 때, 그에게 이렇게 말한 적이 있습니다. "당신이 숏 안으로 들어오는 모습을 촬영할 때 결코 당신이 어딘가 숨어 있다가 다시 들어오는 사람처럼 촬영하지 않을 겁니다. 당신은 항상 거기에 있고 거기에 있는 것이 당연하다는 방식으로 촬영할 거예요." 그러자 그는 "네, 하지만 전 바보죠"라고 말했습니다. 그래서 저희는 그에게 "아니, 당신은 바보가 아니라 천사예요"라고 말했죠. 이 영화에서도 그는 약간 비슷한 남자 역할을 맡았습니다. 그는 항상 거기에 있고, 아내를 이해하고, 아내를 사랑하며, 아내를 받아들이는 남자입니다. 아내가 "4개월 동안 사랑을 나누지 않았는데 괜찮아?"라고 물을 때 "안 괜찮아!"라고 답하죠. 그도 인간이기 때문에 그녀에게 "안 괜찮아!"라고 말합니다. 하지만 곧 "다시 할 거잖아"라고 덧붙이죠. 이런 말을 듣는 건 놀라운 일인데, 그가 정말 아내와 가깝고 아내에게 무슨 일이 일어나고 있는지 잘 알고 있기 때문에 가능한 겁니다. 그는 아내가 자포자기 상태로 돌아가려 한다는 걸 잘 알고 있지만, 그렇게 되는 걸 원치 않습니다. 그는 그녀를 도와야 한다는 사실을 알고 있으며, 그녀에게 필요한 건 자낙스나 약물이 아니라 나가서 사람들을 만나는 것, 그녀에 대한 사람들의 시선에서 연대를 되찾는 것임을 알고 있어요. 그는 "당신을 구할 수 있는 건 연대이지 약이 아니야"라고 말합니다. 저희는 마뉘가 산드라를 정착시켜줄 사람이라고, 그들이 살고 있는 노동자 주택단지 속 일원으로 만들어줄 사람이라고 보았습니다. 그에게는 따뜻한 무언가가 있습니다. 형과 저는 그에 대해 이야기할 때 이 표현을 자주 사용하죠. 물론, 그는 저희 영화에서 그랬던 것처럼 악당을 연기할 수도 있습니다. 〈로나의 침묵〉에서 그는 상당히 부정적인 인물로 나왔죠.

장 피에르 감독님, 시나리오 작업의 어려운 점 중 하나는 어떻게 변화를 만들어내는지에 있다고 봅니다. 이 영화에서도 단순한 옴니버스영화가 되지 않도록 어떻게 서스펜스를 만들어낼지 고민하면서, 다양한 세부 시퀀스를 구별 짓는 동시에 동질화하는 작업을 하셨을 것 같아요. 마뉘와 산드라를 제외한 다른 인물들은 간헐적으로만 등장하니까요.

JPD 저희가 작업상의 방해물을 극복하는 데 시간이 오래 걸렸던 것도 바로 그 점 때문인 것 같습니다. 마뉘라는 인물이 완성되고 산드라를 등장시키고 나서야, 저희는 '반복'이 바로 산드라의 힘이자 영화의 힘이라는 것을 깨달았습니다. 영화를 위해 반복이 수행되어야 한다는 사실과, 산드라가 하는 일의 힘 또한 매번 그녀가 만나는 사람에게 자신이 원하는 것을 설명하는 데서 비롯된다는 사실을 깨달았죠. 왜냐하면 다른 선택지도 있었기 때문입니다. 즉 인물들의 대화 중간에 장면을 시작하거나, 나중에 그녀가 떠날 때 혹은 답을 들을 때 장면을 시작할 수도 있었죠……. 하지만 저희에겐 그녀가 만나는 인물 하나하나가 그녀만큼이나, 물론 그녀보다 더 중요하진 않지만 적어도 그녀만큼 중요했고, 이러한 만남들이 그녀에게 힘을 가져다준다고 보았습니다. 반복은 영화의 힘이자 산드라의 힘이 되는 거죠. 따라서 저희는 미장센 작업에서 산드라가 만나는 모든 인물이 항상 그녀와 동등한 위치에 있을 수 있도록 신경 썼습니다. 산드라의 반응만큼이나 다른 인물들의 반응에도 주의를 기울였던 거죠. 게다가 영화 중간에 3~4분 정도만 등장하고 그 후로는 영화 마지막의 투표하는 장면에서만 모습을 드러내기 때문에 그들을 연기하기 어려웠을 것입니다. 투표 장면에서 관객은 그들 각각에 대해 기억해야 했고, 그들이 왜 이런 선택을 했는지, 왜 저런 선택을 하지 않았는지 기억해야 했습니다. 그러기 위해서는, 주어진 3분이라는 시간 동안 그들이 관객에게 분명한 인상을 심어줄 수 있도록 만들어야 했죠. 저희가 볼 때, 바로 이 점이 이번 영화의 힘입니다.

LD 이러한 만남들의 통일성은 영화의 옴니버스 형식에서 비롯되는 게 아니라, 저희가 시퀀스숏 양식을 기반으로 작업한 것에서 비롯됩니다. 영화 전체가 시퀀스숏 양식을 기반으로 작업되었죠. 영화 속 만남들은 서로 다르지만, 매번 서스펜스가 발생하고 관객은 자문하게 됩니다. "누가 문을 열까? 누가 이 만남에서 승리할까? 그녀가 지

금 만나는 사람의 투표를 뒤집을 수 있을까?" 다른 서스
펜스도 생깁니다. "이번에는 그녀가 무너질까, 아닐까?"
마지막으로 또 다른 서스펜스도 등장하죠. "결국 영화가
끝날 때 투표 결과가 뒤바뀔까?" 이 모든 것을 하나로 묶
는 것은 저희가 각 장면을 자르지 않고, 즉 '컷' 없이 시퀀
스숏으로 촬영했다는 사실일 겁니다. 여러 테이크를 시도
한 건 분명하지만, 컷 없이 촬영했죠. 저는 바로 이것이 영
화에 통일성을 부여하는 요소라고 생각합니다. 그녀가 만
나는 각각의 인물과 함께 나타나는 다양한 장소는 서로
이질적이지만, 동일하게 유지되는 긴장감에 바탕을 두고
있죠. 저는 이 긴장감이 점차 발전해서 관객에게 어떤 기
대감을 불러일으키기를 바랐습니다. 동시에 저희는 카메
라가 항상 산드라와 그녀가 만나는 사람 사이에 위치하
고, 다른 동료들이 자주 묻는 질문을 지지해주기를 원했
습니다. 상대가 "내 입장이 되어봐. 지금 천 유로를 달라
고 요구하는 거와 마찬가지잖아"라고 하면, 산드라도 "당
신도 내 입장이 되어봐"라고 말하죠. 이 "내 입장이 되어
봐" 게임은 모든 장면에서 은밀히 혹은 가끔씩 노골적으
로 이루어지고, 또한 관객이 영화를 보면서 직접 경험하
는 질문이 됩니다.

다르덴 형제

두 분의 영화에서 매우 흥미로운 점은 '사회파 영화'라는 한 전통과의 관계입니다. 50년 전만 해도 사회구조가 개인보다 더 중요했고, 개인은 사회구조에 의해 결정되었죠. 반면에 두 분의 영화는 사회구조, 비정한 현실, 사회적 도태 등을 결코 외면하지 않으면서도, 개인들 간의 연대와 타인에 대한 열림에 더 많은 관심을 두고 있습니다. 영화의 결말에 대해 이야기하고 싶지 않지만, 말씀하셨던 연대 의식 덕분에, 연대의 비약적 발전 덕분에 산드라는 표를 얻을 수 있었죠.

JPD 죄송하지만 제가 잠깐 다른 생각을 했습니다. 조금 전 질문을 시작하실 때 '이탈리아 네오리얼리즘 영화도 그랬었지'라는 생각이 들었거든요. 〈자전거 도둑〉의 경우, 아버지가 아이와 함께 돌아다니다가 아들이 보는 앞에서 자전거를 훔치는 장면과 아이라는 존재를 제거한다면, 영화는 하나의 사회적 발언이 됩니다. 누군가 그의 노동수단을 훔치면서 일자리까지 빼앗아버린 상황에서 영화는 그가 어떻게 그것을 되찾으려고 노력하는지 보여주죠. 그리고 그가 되찾으려고 노력하는 동안 저희는 이탈리아 사회의 일면을 살펴볼 수 있습니다. 종교의 중요성, 정치의 중요성 등을 말이죠……. 하지만 아들이 그와 함께 있고 그가 아들 곁에 있다는 사실, 두 사람이 손을 잡고 다시 길을 떠난다는 사실을 통해 영화는 아버지와 아들 사이에서 어떻게 연대와 평등의 이야기가 만들어지는지 들려줍니다. 그것이 바로 이 영화만의 유니크한 특성을 이루죠. 분명히 다른 영화들도 이탈리아에 대해 이야기했지만, 〈자전거 도둑〉은 아버지와 아이의 이야기이기 때문에 더욱 저희의 기억에 남아 있습니다. 영화는 또한 두 '인간'의 이야기이기도 한데, 마지막에 소년이 더 이상 아버지 뒤에서 걷지 않고 옆에서 손을 잡고 걷기 때문이며 두 사람이 같은 경험을 공유하게 되기 때문입니다. 이것이 비토리오 데 시카의 이야기가 지니는 위대함이자 전 지구적 영향력이죠.

LD 오늘날에는 개인의 문제가 사회적 프로세스보다 더 우세한 것이 사실입니다. 사회적 결정은 여전히 존재하지만 사람들은 점점 더 개인화되고 있고, 이는 모든 사람이 자신의 직책을 가지고 있는 직장에서도 마찬가지죠. 산드라가 일하는 소규모 태양광 패널 제조회사, 즉 실제 회사에서는 패널의 모든 제작 과정이 추적됩니다. 어떤 직책에서 어떤 직원이 어떤 작업을 수행했는지 다 알게 되죠. 작업 과정이 모두 끝나면 누군가 이렇게 말할 수 있습니다. "자 보세요, 이 패널에 문제가 있습니다. 아무개 자리에서 나온 문제인데, 그 시점에 그 자리를 맡은 사람은 바로 당신입니다." 그러니까 각자에게는 개별적인 책임이 주어집니다. 각자에게 더 많은 자율이 주어지지만, 동시에 이것은 연대 의식을 약화시키고 개인으로 하여금 더 많은 책임감을 느끼게 만들죠. 각자 자기 자신에게 화풀이하게 되고, 그로 인해 스트레스와 업무 관련 질병에 시달리게 됩니다. 영화에서는 건축물과 개인의 관계가 그것을 잘 보여줍니다. 산드라는 사람들이 각자 외따로 떨어진 집에 살고 있어서 그들을 한 명씩 찾아가야 하죠. 그들은 서로 고립되어 있고, 1930년대나 40년대에 보았던 공동 안마당은 더 이상 찾아볼 수 없습니다. 사람들이 뛰어다니고 소리 지르고 아이들이 계단을 오르내리는 공동주택의 안마당은 더 이상 존재하지 않는 거죠. 일종의 보편화된 고립이 존재하고, 각자는 자신의 소비, 자신의 부채 문제, 일상적인 재정문제 등에 함몰되어 있습니다. 결국 산드라는 이 모든 것에 맞서 투쟁하는 것이죠. 물론 그녀는 정치활동가가 아닙니다. 처음에 그녀는 다른 사람들을 만나고 싶어 하지도 않았어요. 그녀가 그렇게 하게 된 것은, 남편 덕분이자 처음부터 로베르와 함께 그녀를 지지했던 쥘리에트 덕분입니다. 마침내 그녀는 집 밖으로 나가게 되었고, 그것이 바로 저희가 얘기하려는 점이었습니다. 처음에 그녀는 침대에 누워 잠을 잤지만, 이후 일어나 집 밖으로 나갔고, 다른 사람들의 집에 찾아가 문을 열어달라고 했습니다. 그녀는 집 뒤의 마당으로까지 찾아갔고, 정말로 방해물을 극복했고, 정말로 사람들을 하나하나 마주

하며 그녀의 눈앞에서 선택하게 만들었습니다.

　　이전 질문으로 돌아가보면, 아마도 타인에 대한 관심은 이데올로기의 죽음 이후에 혹은 개인적 상황을 고려하지 않는 전적으로 합리주의적인 세계관이 사라진 후에 나온 것 같습니다. 이것은 잉마르 베리만이 마오이즘 시대에 했던 발언을 떠올리게 합니다. 그는 "그들은 인류를 사랑하고 장 피에르와 폴을 미워하지만, 나는 장 피에르와 폴을 사랑하고 인류를 불신하는 경향이 있다"라고 말했죠.

LD 도스토옙스키도 그렇게 말했습니다.

　　도스토옙스키도 그렇게 말했고요. 어쨌든 조금 전 말씀하신 타인에 대한 관심은 본질적인 그 무엇이라 할 수 있습니다.

JPD 맞아요. 거창한 표현일 수 있지만, 그것은 저희의 영화감독으로서의 윤리라고 생각합니다. 저희가 이야기하고자 하는 것에 일관성을 유지하려면, 등장인물을 그의 등 뒤에 숨어 다른 무언가를 말하기 위한 수단으로 여겨서는 안 됩니다. 저희는 항상 그 반대를 시도하죠. 저희가 등장인물들에게 진정한 관심을 갖고 있고 그들과 그들이 하는 일을 진정으로 사랑하기 때문에 보편적인 호소력을 지닌 이야기를 할 수 있는 것이지, 그 반대는 아니라고 생각합니다. 소위 정치영화의 시대와 관련해 중요한 문제를 요약해주셨는데, 지배하려는 성향을 지닌 감독들에게 등장인물은 세상에 대한 자신의 관점을 설명하기 위한 수단으로, 그리고 개선과 변화를 이끌어내기 위해 필요한 것을 주장하기 위한 수단으로 간주되었을 뿐입니다. 간단히 말해, 그런 식으로는 좋은 영화를 만들 수 없다고 생각하며 영화감독으로서 저희는 등장인물과 같은 눈높이에 위치해야 한다고 생각합니다.

LD 등장인물들은 저희의 대변인이 아니죠.

그렇군요. 뤽 감독님, 흥미로운 사실은 두 분이 어떤 면에서는 두 분의 뿌리라 할 수 있는 이탈리아 네오리얼리즘과 데 시카에 대해 언급하셨지만, 그와 동시에 두 분의 영화에는 또 다른 극이 존재한다는 것입니다. 제가 미국영화들에 대한 두 분의 취향을 알고 있거든요. 참여적 영화, 아무튼 사회적 영화라 할 수 있는 작품의 감독들은 대부분 미국영화를 불신합니다. 하지만 두 분은 히치콕도 좋아하고, 하워드 호크스와 존 포드도 좋아하시죠. 두 분의 영화에서, 특히 이번 영화에서 근사하다고 생각하는 것은, 아주 명확한 사회적 주제가 위대한 내러티브영화의 전유물이라 할 수 있는 서스펜스, 그리고 서스펜스로 무장한 강렬한 드라마적 역동성과 잘 결합되어 있다는 점입니다.

LD 저희는 그런 방식을 아주 좋아합니다. 영화와 관련해 이렇게 말하는 것이 매우 단순한 발언이 될 수 있다는 것을 알지만, 저에게 있어서 영화는, 그리고 저희가 만들고 있고 저희가 사랑하는 영화는 내러티브영화입니다. 좋은 영화는 좋은 이야기여야 하죠. 이것은 여전히 진실로 남아 있습니다. 그렇다고 해서 저희의 이야기가 뻔한 줄거리와 상투적인 극작법에 기반하고 있다는 뜻은 아닙니다. 저희는 서부영화가 보여주었던 유기적 구성, 1950~60년대 미국영화와 그 이전의 필름누아르가 보여주었던 유기성을 갖추기 위해 노력해왔습니다. 그것은 유기적인 통일성을 가지고 있는 어떤 것을 구성하는 일, 말하자면 스스로 완료되고 그 자체의 예술적 종결성을 갖는 어떤 것을 구성하는 일이라 할 수 있죠. 대중과 사회에 다가갈 수 있는 어떤 것, 폭발할 정도까지는 아니지만—그렇게까지 하고 싶진 않습니다—그래도 당신 안에 있는 것들을 동요하게 할 수 있는 어떤 것을 구성하는 일을 말합니다. 물론 이것은 영화가 문을 잠가서 당신이 그 안에 들어갈 수 없다는 걸 뜻하진 않습니다. 단지 영화 안에는 영화만의 고유한 삶이 존재한다는 것을 의미하죠. 그래서 저희로서는 이 영화의 결말을 생각해내기가 쉽지 않았습니다. 결국엔 사람들이 다 "내 입장이 되어봐, 내 입장이 되어봐"라고 말할 것 같았죠. 이 대사로부터 마침내 다음과 같은 생각을 이끌어내게 되었습니다. '그래, 이 내 입장이 되어봐 게임

다르덴 형제

에서 시작해야 가장 유기적인 결말을 찾을 수 있을 거야.'
저희는 다른 결말들도 구상했었는데, 어떤 것은 주제로부
터 벗어나 매우 폭력적이었고, 어떤 것은 결국 좀 더 다큐
멘터리적인 것이 되었습니다.

장 피에르 감독님, 두 분의 작업에서 매우 인상적인 또 다른 측면이 있습니다. 바로 음악인데요. 이에 대해 이야기해보고 싶습니다. 두 분 영화에서 음악은 거의 사용되지 않지만, 사용될 경우—너무 현학적인 표현을 쓰고 싶지는 않지만—주로 디제시스*적입니다. 즉 음악은 이야기 자체에 속하고, 외부에서 오지 않으며, 자의적으로 얹히지도 않죠. 이 영화에는 두 음악이 짧은 순간 들리는데, 하나는 페툴라 클라크Petula Clark의 노래인 〈밤은 끝나지 않아La nuit n'en finit plus〉이고 다른 하나는 밴 모리슨Van Morrison의 노래인 〈글로리아Gloria〉입니다. 우선 영화음악에 대해 어떤 입장을 갖고 계신지요? 어떤 계기로 이 두 곡을 선택하시게 되었나요?

JPD 저희는 영화의 음악에 대해 특별한 입장을 갖고 있지
않습니다. 때때로 사람들은 저희가 음악의 사용에 대해
근본적으로 반대하는 입장을 갖고 있다고 생각하지만, 전

---

* '디제시스diegesis'는 1950년 안 수리오가 처음으로 제시한 개념이자 용어다.
안 수리오에 따르면, 디제시스는 "예술 작품의 세계, 즉 하나의 예술 작품을
통해 제시된 세계"를 의미한다.

혀 그렇지 않습니다. 저희가 하는 작업에 음악이 들어갈 자리를 찾지 못하는 것뿐이죠. 이 영화에는 두 곡이 삽입되어 있습니다. 하나는 밴 모리슨의 〈글로리아〉의 일부분인데, 음악이 들리는 순간 차 안에는 두 명이 아니라 세 명이 타고 있습니다. 즉 노래를 합창으로 따라 부를 수 있는 게 가능했고, 이처럼 함께 노래하고 함께 후렴구를 부르는 것은 연대의 한 형태가 될 수 있다고 보았습니다. 또한 이것은 마뉘와 산드라가 록 음악을 좋아한다는 것을 알려줍니다. 두 사람에게 인간적인 면모를 더해주기도 하고요. 페튤라 클라크의 노래는 이 영화에서 다른 순간에 삽입되는데, 산드라가 마뉘를 도발하면서 적어도 겉으로는 음악이 말하는 것과 정반대로 반응하는 모습이 아주 마음에 들었습니다. 그녀는 "음악이 나를 우울하게 만들 것 같아? 전혀 아냐"라고 말하고, 게다가 그에게 응수하며 미소까지 짓죠. 이 두 순간에 저희도 다른 차 안에 있었는데, 보통 자동차에서는 혹은 로드무비에서는 항상 음악을 틀어놓기 때문에 그 순간에 음악을 삽입하는 것이 좋을 것 같았습니다. 영화의 다른 곳에는 음악이 들어갈 자리가 없어 보였는데, 아까 뤽이 했던 얘기로 돌아가보면 저희의 시퀀스숏들이 그 자체로 음악이 있는 것 같은 느낌을 만들어내기 때문이죠. 음악이 과하게 삽입되면 그 숏들의

다르덴 형제

효용성이 사라질 수 있다고 생각했습니다.

설득력 있는 답변인 것 같은데, 뤽 감독님도 동의하시나요? 항상 장 피에르 감독님과 의견이 일치하시는지요? 보통 어떻게 되나요? 두 분은 항상 의견이 같나요, 아니면 심한 언쟁도 있나요?

LD 심한 언쟁은 없습니다. 저희는 이야기를 많이 나누죠. 페튤라 클라크는 즉시 의견이 일치했고, 밴 모리슨은 선택하는 데 조금 시간이 걸렸습니다. 하지만 저희는……

연대하는, 홀로가 아니라 연대하는 Solidaires, pas solitaires, mais solidaires.

LD 홀로이면서 연대하죠. 만약 당신이 당신 형과 함께 촬영장에 있거나 글을 쓰거나 영화를 준비하거나 의상을 고르는 등 많은 것을 같이한다 해도, 고독은 여전히 존재합니다. 바로 이것이 모순적인 점이죠. 당신들은 두 사람이지만, 어떤 면에서는 한사람이 되어 일하고 생각합니다. 하지만 당신은 여전히 고독하고 상대방과 자신을 혼동하지도 않아요. '이게 좋은 생각일까 아닐까?' 하는 불안을 여전히 느끼기 때문입니다. 상대방이 당신을 지지하고 "그래"라고 말한다 해도, '우리가 이 계획을 성공시킬 수 있을까? 우리가 좋은 리듬을 선택한 걸까?' 하는 불안은 계속 남아 있습니다. 기이한 현상이라 할 수 있죠. 말장난을 더 해본다면, 당신은 매우 고독하면서solitaire 동시에 굳게 연대하는solidaire 상태로 머물러 있게 됩니다.

이 영화는 어떻게 보면 두 분을 유명하게 만든 영화 〈로제타〉와 비교될 수 있다는 인상을 받았습니다. 산드라와 로제타는 나이는 같지 않지만 많은 공통점이 있죠. 두 사람 다 해고를 당하고, 로제타보다 산드라에게서 덜 표현되긴 하지만 두 사람 다 분노를 지니고 있습니다. 로제타의 분노는 물론 어린 시절의 감정처럼 더 난폭하게 드러나고요.

JPD 네, 두 영화의 주인공은 십대 여성과 성인 여성입니다. 산드라와 로제타의 이름은 둘 다 A로 끝나고요. 또 두 영화의 이야기는 사회에서의 그들의 위치와 관련되며, 그 위치는 직업을 갖느냐 못 갖느냐의 문제와 연결됩니다. 하지만 저희가 볼 때 큰 차이점이 있는데, 우선 〈로제타〉의 이야기를 조금 거칠게 단순화하고 요약해보면, 그것은 로제타가 어떤 조직의 졸병처럼 타인들을 오로지 쓰러뜨려야 할 적으로만 바라본다는 것입니다. 마지막에 이르러서야, 즉 한 시간 반이 지나고 나서야 그녀는 자신이 일부러 익사 직전까지 방치했던 남자가 자신을 해칠 의도가 없다는 것을 알아차리게 되죠. 그걸 위해 한 시간 반이라는 영화의 시간이 필요했습니다. 하지만 산드라는 다릅니다. 산드라는 우선 성인 여성이고 한 가정의 어머니입니다. 그리고 뤽이 말했듯이, 그녀는 정치활동가가 아니고 정치적 입장도 없지만, 사람들이 보너스를 받기 위해 투표한 것을 정상이라고 판단하죠. 영화 초반에 누군가 산드라에게 다가와 "내가 일자리를 되찾을 수 있도록 천 유로를 줄 수 있어?"라고 물었다면 그녀가 어떻게 행동했을지 상상할 수는 있지만, 그렇다고 천 유로를 주었을지는 확신할 수 없습니다. 또한 영화에서 산드라는 어떤 순간에도 다른 사람을 미워하지 않으며, 그녀에게는 어떤 순간에도 증오심을 찾아볼 수 없습니다. 반면에 로제타는 생존 본능에 따라 사는 인물이에요. 다른 사람들이 그녀를 파괴하려 들기 때문에 그녀 역시 다른 사람들을 파괴해야만 살 수 있습니다. 산드라도 어떤 순간에는 자신이 존재하지 않는 것 같다고 느끼지만, 자신을 거부하고 마음을 바꾸지 않는 사람들조차도 어떻게든 이해하려 합니다. 그녀는 남편에게 "내가 말했잖아. 그들은 보너스가 필요해"라고 말하죠. 그녀는 그것을 부끄럽거나 충격적인 일이라고 생각하지 않습니다. 물론 한두 가지 반응에 충격을 받기도 하죠. 하지만 저희는 이 점이 가장 큰 차이점이라 생각했고, 그래서 미장센도 다르게 했습니다. 산드라는 어쨌든 한 시간 반이라는 시간 동안 무언가를 행하면서 어느 시점에 이르러 연대를 재창출해내는데, 로제타는 절대 그러지 않습니다.

LD 로제타는 모두가 자신에게 적대적이라고 믿습니다. '왜 나지, 왜 나만 갖고 그러지?'

JPD 그녀는 살아남아야 하는 상황에 놓여 있고, 그래서 거칠고 강인하죠.

LD 또한 로제타는 어린 것이 사실입니다. 그녀는 아직 어리죠.

뤽 감독님, 이 영화에는 두 분의 어떤 영화에서보다 많은 장소가 등장합니다. 물론 이야기가 분산되어 있고 등장인물의 수도 많지만요. 하지만 인터뷰 초반에 언급했던 것처럼 두 분은 항상 이전에 영화를 촬영했던 곳과 같은 환경에서, 즉 두 분만의 구역에서 촬영하시기 때문에, 이 영화의 장소들에는 저희가 이미 본 장소들과 유사한 점이 있습니다.

LD 맞습니다. 산드라와 마뉘가 사는 집은 사만다의 미용실 근처에 있죠.

JPD 300미터 떨어진 곳입니다.

LD 그리고 그 건물은 〈약속〉에서 올리비에 구르메가 연기한 로제가 살았던 곳이고요. 저희 영화가 반경 10킬로미터 안의 공간에서 펼쳐지는 것은 분명한 사실입니다.

매우 상세한 도로 지도, 즉 다르덴 형제와 함께하는 세렝 관광지 도를 만들어야 할 것 같네요.

LD 다르덴 형제 영화의 모터사이클 경로, 산드라의 자동차 경로, 〈약속〉에서 이고르의 전동 자전거 경로 등을 만들 수 있겠죠…….

다른 색으로 표시한 지하철노선처럼 여러 여정이 생길 것 같은데요.

LD 사람들이 같은 길을 다시 지나갈 수 있으니, 교차점 같은 것도 표시해야겠어요…….

두 분의 영화 팀, 그러니까 두 분과 함께 일하는 이들과의 특별하고 변함없는 관계에 대해서도 이야기하고 싶습니다. 모두 훌륭한 스태프들이기 때문에 그들의 면직에 대해 말하려는 것은 전혀 아니지만, 한 가지 인상적인 점은 알랭 마르코앵에게 촬영을, 브누아 데르보에게 프레이밍을 나누어 맡기는 것을 고집해오고 계신다는 부분입니다. 최근 영화계에서 점점 더 그러는 것처럼, 두 분의 촬영 스타일도 촬영, 프레임, 미장센 등 영화의 모든 분야에 직접 개입하지는 않는다는 것이죠. 적어도, 한 사람에게 카메라맨과 촬영감독 역할을 모두 맡

기는 방식과는 거리가 있습니다. 두 분은 이 두 파트를 분명하게 구분하시는데요.

LD 맞습니다. 저희는 팀원들과 서로 대화하는 것을 좋아하는 편입니다. 그들은 친구들이면서 동시에 그렇지 않기도 하죠. 물론 비난하려는 게 아닙니다. 아시다시피 하나의 팀, 하나의 촬영장은 그 자체로 권력 관계입니다. 한 사람이 조명과 프레임을 모두 책임진다면, 저희가 할 수 있는 게 없죠. 그가 일정한 권력을 갖게 되니까요.

분할하여 통치하기*…….

LD 맞아요. 조금은 그런 면이 있습니다. 처음에 조명과 프레임이 서로 다르게 나와도, 프레임에 맞춰 조명을 조절하거나 조명에 맞춰 프레임을 다시 만들지는 않죠. 그런데 같은 사람이 둘 다 맡으면 다음과 같은 일이 벌어집니다. "아니야. 내 조명은 이런 방식이고, 난 이렇게 하고 싶으니까, 프레임을 좀 조정해보자……." 안 됩니다, 절대 안 되죠. 지금 프레임에 대해 이야기했는데, 프레임은 항

---

* 라틴어 'Divide ut Regnes'에서 유래한 표현. 정치사회학에서 전체의 요소를 서로 대립시켜 약화시킨 다음 자신의 힘을 행사하기 위해 사용하는 전략을 가리킨다. 마키아벨리도 『군주론』에서 '분할과 지배Divide et Impera', 즉 분할과 통치의 중요성을 강조한 바 있다.

상 저희의 주요 관심사입니다. 리허설하는 동안 저희는 비디오카메라로 미리 적절한 프레임을 찾아내려 하죠. 촬영장에서도 저희가 먼저 배우들과 한두 시간 정도 리허설을 한 후 팀원들을 부릅니다. 팀원들이 먼저 그곳에 와 있는 일은 절대로 없어요. 촬영 현장에서 저희는 팀원들에게 프레임에 대해 이야기하고 숏이 어떻게 진행될지 알려줍니다. 카메라맨은 카메라를 들고 숏에 따라 움직이며, 때때로 어떤 것을 제안하기도 하죠. 그러면 촬영감독이 그에게 말합니다. "자, 얼굴을 찍을 때는 몇 센티미터 정도 살짝 뒤로 움직일 수 있을까요?" 물론, 저희도 촬영감독과 함께 작업합니다. 하지만 앞서 말했듯이, 프레임에 따라 장면에 필요한 보이지 않는 빛을 찾아내고 만들어내는 것은 그의 몫이죠.

사운드의 경우는 좀 다른 것 같습니다. 장 피에르 뒤레라는 뛰어난 사운드 엔지니어가 두 분 영화의 사운드를 담당해오고 있기 때문이죠. 그 자신이 매우 훌륭한 다큐멘터리영화들을 만든 감독이기도 한데, 알랭 레네의 영화와 두 분의 영화에서는 사운드를 담당했습니다. 당연한 얘기이지만, 두 분 영화에서 사운드는 매우 중요하고 결정적인 요소인 것 같습니다.

JPD 그것은 뒤레가 저희와 같은 방식으로 작업하기 때문입니다. 저희는 영화가 사물들의 물질성에 뿌리를 둘 수 있도록 노력하는데, 뒤레 역시 배우들의 목소리에 더 많은 물질성을 부여하고 실제로 물질화될 수 있도록 작업하죠. 그는 작업할 때 그 부분에 대해 지속적으로 신경을 쓰고 저희 또한 항상 거기에 관심을 갖고 있어서, 그의 작업은 저희 영화와 잘 부합합니다. 그는 또한 사운드 엔지니어이자 친구이기도 한데, 영화 작업을 함께 하기 전부터 친구였죠. 뒤레는 저희가 구현하고자 하는 인물들을 위해 전적으로 헌신합니다. 그리고 정말 예외적인 경우인데, 절대로 "친구들, 난 못 하겠어"라는 말을 하지 않아요. 그는 항상 해결책을 찾아냅니다. 〈로제타〉를 예로 들면, 어느 버스 정류장에서 로제타가 수도꼭지를 열어 물병에 물을 채우는 장면이 있어요. 그런데 버스들이 주변을 계속 지나갔고 저희가 버스 통행을 완전히 멈추게 할 수도 없었죠. 하지만 뒤레는 그 모든 소란 속에서도 물통에 물이 흘러 들어가는 소리를 생생하게 들려주는 데 성공했습니다. 한마디로 기적이었죠.

다르덴 형제

영화 수업

로마에서 진행된 마스터클래스에 참석한 뤽 다르덴(좌)과 장 피에르 다르덴(우)

응시하는 카메라

2015

뤽 다르덴 감독님은 철학을 전공했고 장 피에르 감독님은 연극을 전공했습니다. 어떻게 연극과 철학을 공부하신 분들이 영화를 만들게 되었나요?

LD 저희가 이탈리아 출신의 프랑스 연극 연출가 아르망 가티를 만났기 때문입니다. 그는 벨기에의 학교에 와서 강의했고, 제 형이 그의 조교로 일했습니다. 저도 그들과 합류했고, 그와 그의 팀과 함께 여러 연극을 만들어 무대에 올렸죠. 그런데 연극을 준비할 때 비디오 리포트를 촬영하는 팀이 있었어요. 그때가 1974년이었죠. 저희는 이

책에 실린 다르덴 형제의 영화 수업은 유럽 영화 및 시청각 연구소(IECA)의 초청으로 2015년 3월 31일 프랑스 낭시에 위치한 로렌대학교에서 열렸다. 진행은 미셸 시망이 맡았다.

팀이 어떻게 작업하는지, 가티가 쓴 희곡을 비디오 장비로 어떻게 촬영하는지 지켜보았습니다. 그리고 몇 년 후 가티가 북아일랜드에서 장편 극영화를 촬영할 때 저희가 그의 조연출로 참여하면서 다시 만나게 됐습니다. 저희는 영화학교를 다닌 적이 없는데요. 저희가 예술, 영화, 문학, 연극을 사랑하게 된 것은 바로 이분, 저희가 작업 과정을 지켜보았던 가티 덕분이었습니다. 가티는 저희 예술의 정신적 아버지 같은 분이라 할 수 있죠.

장 피에르 감독님, 이러한 연극 경험이 연극과는 거리가 먼 어떤 구상을 시도하게 만들었나요? 두 표현 수단 사이에 있을 수 있는 차이에 대해 생각해보신 적이 있나요?

JPD 그 얘기는 나중에 해도 될 것 같네요. 저희가 〈약속〉이라는 영화를 만들 수 있었던 것은 〈약속〉 전에 만들었던 영화가 예술적, 비평적, 대중적으로 실패했기 때문이라고 생각합니다. 아무튼 저는 두 표현 수단의 차이에 대해서는 생각해보지 않았고요. 그 영화 이후에 저희가 한 일은 그것과 반대로 영화를 만드는 것이었습니다.

〈당신을 생각해요〉였죠?

JPD 맞아요, 〈당신을 생각해요〉! 이젠 제목도 기억이 안

날 지경이네요. (웃음)

이 영화에 대해 조금 더 이야기해주셨으면 합니다. 로셀리니, 고다르, 레네, 트뤼포 등과 함께 작업한, 경험 많고 명성 높은 시나리오작가 장 그뤼오 Jean Gruault**와 함께 각본을 쓰셨죠. 이 영화를 찍은 후 영화제작 방식에 급격한 변화를 시도하시게 된 이유가 무엇일까요? 〈약속〉을 만들게 하고 그 후로도 연이은 성공을 거두게 한 계기는 무엇인지요?**

LD 장 그뤼오는 훌륭한 시나리오작가였습니다. 이 모험에서 책임을 져야 할 사람은 오로지 저희뿐이었죠……. 문제는 저희가 더 손볼 수 있었음에도 불구하고, 어느 순간 "좋아, 이 시나리오로 찍자"라고 말하며 그냥 주어진 시나리오로 시작했다는 점입니다. 저희 자신이 무엇을 하고 있는지도 제대로 알아차릴 수 없었던 것 같아요. 마치 건축업자가 왜 집을 짓는지도 모른 채 설계도대로 집을 짓는 것과 비슷하게 행동한 겁니다. 저희는 저희가 정말로 무슨 이야기를 하고 있는지 판단하지 못했고, 알지도 못했습니다. 왜 하는지도 몰랐죠. 훌륭한 배우들과 함께 일했고 그들을 디렉팅했지만요…….

로뱅 레누치와 파비엔 바베 말씀이시죠.

LD 두 사람 모두 훌륭했죠. 말하자면, 그때까지 저희는 저희만의 방식을 찾지 못했던 것 같습니다. 영화감독이 되려면 무엇을, 어떻게, 누구와, 왜 하는지 등에 대해 자신만의 방식을 찾아야 하거든요. 나중에 작업의 전개 과정에 따라 바뀌고 변경되겠지만 대략적인 해결 방안은 있어야 합니다. 하지만 당시에는 몰랐습니다. 어쩌면 모든 것이 가능했지만, 저희는 어떤 것도 선택하지 못했죠. 그렇게 된 겁니다. 저희는 시나리오에 사로잡힌 것도 아니고 영화를 만들고 싶다는 열망에 사로잡힌 것도 아니었는데, 그럼에도 영화를 만들었던 거죠. 가령, 영화의 음악은 여러분 중 일부는 알고 계실 수도 있는 훌륭한 음악가이자 작곡가인 빔 메르텐스Wim Mertens가 맡았습니다. 하지만 저희는 한 번도 '왜 음악을 사용해야 하지? 왜 당연한 일인 것처럼 영화에 음악을 넣어야 할까?'라고 자문한 적이 없어요. 나중에서야 저희는 스스로에게 질문을 던졌습니다. '음악을 넣거나 넣지 않는 것은 무슨 이유에서일까?' '유명 배우들과 함께 작업하는 것은 당연한 일일까? 왜 그럴까?' 이게 당연한 일은 아니죠.

그러니까 저희는 당시에 모든 것을 받아들였습니다. 독학으로 영화를 배웠고, 따로 영화를 공부하지 않았기 때문이죠. 그때까지 한 번도 저희 자신을 무엇을 하는지, 왜 하느지 알고 있는 영화감독이라고 여겨본 적이 없습니다. 제가 늘 하는 말인데, 저와 제 형은 약간 쥐와 같았어요. 어딘가에 먹이가 있으면 그곳에 가고, 시도하고, 또 시도하고, 찾고, 바꾸곤 했죠……. 뭘 해야 할지 몰랐던 겁니다. 그리고 무언가를 찾으면 그걸 고수하려 했죠. 무언가를 찾으면 곧바로 일이 진행되었습니다……. 많은 시행착오가 필요했죠. 저희가 영화를 제대로 못 만든 거고, 그럴 수밖에 없었습니다.

JPD 어떻게 된 거냐면, 저희는 지금도 마찬가지이지만 독학으로 영화를 공부했고 연극과 비디오 영화 제작을 하다가 영화계로 넘어왔기 때문에, 영화감독으로서 그다지 정당성을 느끼지 못했습니다. 저희는 이렇게 다짐했죠. "정신 차려! 예산도 마련했고, 배우들도 구했고, 전문가들도 합류했으니 신중하게 임해야 해." 하지만 너무 신중하게 임하다 보니 경직되었고, 이는 결코 좋은 결과로 이어지지 못했습니다. 그러니까 이제 막 저희만의 작업 방식을 찾기 시작했을 때 영화감독이 된 거였죠. 결국에는 다소 어리석은 방식으로, 즉 〈당신을 생각해요〉에서 했던 것과 정반대로 작업하면서 저희만의 작업 방식을 찾아낼 수 있었습니다. 〈약속〉을 작업하게 되기 전까지는 저희가 신중한 사람처럼 행동해야 한다고, 도자기 가게를 부수기 시작하면 안 된다*고 생각했던 게 문제였죠.

LD 어쨌든 연극 무대가 저희 머릿속을 떠나지 않고 맴돌았던 것 같습니다. 저희에겐 영화의 프레임을 연극 무대의 프레임으로 보는 습관이 남아 있었던 거죠. 무대로 들어오는 것처럼 누군가 프레임 안으로 들어오고, 프레임 밖으로 나가고, 조명을 이용해 무대 뒤쪽으로 나갈 수도 있고 말이죠. 머릿속에 항상 이 상자 개념이 있었는데 그것을 깨는 데 시간이 걸렸습니다. 저희가 "아니요, 인물의 전신으로 화면이 꽉 찼는데, 조금 뒤로 물러나서 찍어보죠. 아니면 몸의 일부만 찍던가요"라고 말하기까지는 두 편의 영화가 필요했습니다. 그제야 저희는 더 이상 연극 무대를 떠올리며 어디에 배우의 몸을 두어야 할지 고민하지 않게 되었죠.

JPD 이전 영화에서는 무엇으로든 프레임을 채우고 싶어 했고 어떻게 채울지에 대해서만 고민했어요.

LD 항상 텅 빈 프레임에서 시작했습니다.

JPD 하지만 〈약속〉에서는 배우의 몸에서 시작하게 되었죠.

스페인 내전에 참전했던 전직 군인이나 금속 세공인 등 이 모든

---

*   '행동의 서투름으로 많은 피해를 입힐 가능성이 있음'을 나타낼 때 사용하는 프랑스어 표현이다.

'중요하지 않은' 사람들을 20분가량 촬영했던 비디오 영화 경험이 어떤 점에서 두 분을 풍요롭게 해줬나요? 또한 두 분은 거기서 멈추지 않고 다큐멘터리영화도 만드셨는데요. 두 분은 주변 환경을 탐구하는 영화들을 찍은 뒤 차고, 카페, 교회 홀에서 작품들을 상영했지만, 결국 엄밀한 의미의 다큐멘터리영화는 두 분의 분야가 아니라고 판단하게 되었습니다.

LD 영화를 찍으면서 저희가 촬영하는 사람들에게 자주 물어봤는데, 그들 중 일부는 "나는 동의하지 않아요"라고 말했습니다. 사람들이 저희에게 저항하고 있다는 걸 깨달았죠. 그래서 저희는 저희의 고유한 이야기를 하는 것이 좋겠다고 생각했습니다. 하지만 저희가 다큐멘터리에서 배운 것이 있는데, 바로 '제약'이에요. 이전 두 영화에서는 잊었지만, 〈약속〉에서는 이 제약을 되살려내려 했던 것 같습니다. 다큐멘터리영화의 제약 중 하나는, 당신이 촬영하는 장소와 사람 들이 카메라를 켜기 전부터 존재하고 카메라를 꺼도 계속 존재한다는 사실입니다. 저희는 저희의 픽션 영화에서 이것을 다시 구현하고 싶었어요. 저희의 다큐멘터리영화에 표현되었던 인간 현존의 힘 말이죠—다큐멘터리영화에서는 인물들의 대사가 별로 없었고, 대부분 과거에 대한 이야기를 했습니다. 다큐멘터리영화의 또 다른 제약은 카메라를 당신이 원하는 곳에 둘 수 없다는 것입니다. 그래서 〈약속〉에서도 매우 제한적인 장소에서 배우들과 카메라의 위치를 만들어내려 노력했어요. 저희는 해결책을 찾기 위해, 그리고 저희가 원하는 이야기를 하기 위해 항상 제약이 필요하다는 것을 깨달았습니다. 제약이 없는 척하는 것보다 제약이 그대로 드러나 보이는 것을 더 좋아하죠.

뤽 감독님, 두 형제 혹은 심지어 두 감독이 어떻게 함께 일할 수 있는지 신기해하는 관객들이 있는 게 사실입니다. 이미 다큐멘터리영화를 만들 때 장 피에르 감독님이 카메라를 담당하고 뤽 감독님이 사운드를 담당하셨죠. 이 작업은 어떻게 분담된 건가요?

LD 나중에요?

아니요, 다큐멘터리영화를 제작할 무렵에요.

LD 다큐멘터리영화를 제작할 당시 저희는 현장에서 직접 촬영하고 녹음했는데, 당시까지만 해도 꽤 드문 일이었습니다. 저희 다큐멘터리는 일종의 증언들이었는데, 한 사람이 보관하고 있던 많은 자질구레한 물건들을 사용하며 과거에 대해 이야기하는 형식이었죠. 예를 들어, 저희 지역에서 나치에 대항했던 레지스탕스에 관한 영화를 만든 적이 있는데, 레지스탕스의 일원이었고 전쟁 중에 지하신문을 배포했던 벨기에 공산당 출신의 한 노인이 영화에 등장합니다. 그는 체포될 경우를 대비해 주소가 적힌 작은 종이들을 매일 땅에 파묻었죠. 그래서 저희는 이분에게 "다시 종이들을 묻고 파헤치지 않아도 된다"라고 말했지만, 그는 여전히 모든 것을 상자에 보관하고 있었기 때문에 20~30분 동안 상자 속 물건들을 가지고 자신의 이야기를 들려주었습니다. 저희는 때때로 아카이브 영상을 삽입하기도 했는데 항상 과거에 관한 것들이었죠. 형이 카메라를 들고 제가 마이크를 잡았지만, 저희 둘 다 항상 촬영하는 인물들 주변에 있었습니다. 편집에도 둘 다 참여했고요.

JPD 뤽은 저희의 '영적 아버지'로부터 영감을 받아 해설도 썼습니다.

LD 매우 서정적인 해설이었어요. 음성 해설은 보이스오버로 삽입했는데, "그는 그곳에 있었고…… 그는 이런 신문을 찾아냈다……"라고 말하면서 영화를 약간 정리하는 식이었습니다. 저희는 당시 활자체가 담긴 신문들을 보여주었죠. 레지스탕스 활동가가 보관하고 있던 지하신문들이었습니다. 픽션 영화를 만들기 시작하면서 제가 시나리오를 쓰지만, 초고가 나오면 그다음부터는 둘이서 함께 이야기의 구조를 만들어갑니다. 시나리오를 쓰고 나면 저는 형

다큐멘터리영화를 찍던 시기의 장 피에르 다르덴(좌)과 뤽 다르덴(우)

에게 전화를 걸죠. 글을 쓰면서 계속 수정하는 방식이거든요. 둘이서 첫 번째 버전을 만들고 두 번째, 세 번째 버전도 함께 작업합니다. 그런 다음, 캐스팅 작업을 합니다. 직업 배우이든 아니든 함께 일하고 싶은 모든 사람을 테스트에 임하도록 하죠. 그리고 촬영 장소를 보러 가고, 거기서 비디오카메라를 가지고 비디오 촬영 작업을 실시합니다. 리허설을 하러 왔을 때 배우들과 함께 시도할 거라고 생각되는 모든 것을 미리 촬영해보는 거죠. 저희는 많은 것을 시도해보고 한두 달 동안 매일 그 모든 것을 뷰어로 들여다봅니다. 그러고 나서 배우들을 선정하고 그들과 함께 비디오카메라로 리허설을 진행합니다. 캐스팅 작업에서도 비디오카메라를 사용하고요. 배우들을 촬영 장소에서 움직이게 하고 연기하게 하는 등 많은 것을 시도해보죠. 그러면서 계획을 세우기 시작합니다. 배우들과 리허설하는 데에는 한 달 또는 한 달 반이 걸리고, 대략적으로 총 60시간 정도 촬영합니다. 그때, 저희는 소박하게나마 영화가 구성되었다고 느끼죠. 영화가 완성되었다는 뜻은 아니지만, 그래도 숏들과 숏으로 만들 수 있는 어떤 것들을 구상했다고 느낍니다. 물론 카메라맨, 촬영감독, 사운드 엔지니어, 배우들이 말하는 것들을 더 들어야 하지만요. 촬영 당일에는 기술 팀 없이 두 시간 동안 다시 리허설을 합니다. 형이 말했듯이, "저희가 기술자들을 저희 영화에 초대하는 것이지, 그 반대가 아니"거든요. 때때로 영화에서는 기술적 측면이 우위에 서면서 누군가 "난 못 합니다"라고 말하는 일이 발생하는데요, 저희는 기술자가 어떤 것을 할 수 없다고 하는 말을 절대 듣지 않습니다. 역광은 역광이라는 것, 사물들의 균형을 맞춰야 한다는 것 등은 저희도 잘 알고 있죠. 그래서 저희는 말합니다. "우리가 그렇게 하고 싶어요. 창문이 있어서 촬영이 안 되면 창문을 가리면 되죠." 저희는 세트디자이너에게 창문 때문에 원하는 숏을 찍을 수 없으니 그 앞에 수납장을 놓아 막으라고 말합니다. 해결책을 찾는 거죠. 밤에 촬영하는 경우 오전이나 저녁에 리허설을 하는데, 원하는 숏의 리듬을 찾기 위해 테이크를 반복해서 찍습니다. 그 숏은 시퀀스숏인 경우가 많고, 항상 저희 둘이서만 촬영하죠. 저희는 콤보 카메라*를 이용하는데, 뒤에 한 명이 서거나 때로는 두 명이 함께 서기도 합니다. 비좁은 장소에서 작업해서 이따금 다른 곳에 숨어야 할 때도 있기 때문이죠. 카메라가 360도 가까이 회전하는 숏을 자주 찍는데, 그럴 때는 저희가 화면에 나오면 안 되기 때문에 벽 뒤에 숨거나 아니면 배우들과 함께 숏을 연출해본

---

* 일반적으로 모니터와 짐벌이 달린 소형 카메라를 말한다.

다르덴 형제

후에 저희가 촬영하는 장면을 콤보 카메라로 볼 수 있는 곳을 찾아서 숨습니다.

두 분의 작품에서 아주 놀랍고 독특한 점은 모든 영화가 같은 지역에서 촬영된다는 부분입니다.

JPD 키에슬로프스키의 〈데칼로그Dekalog〉*를 처음 봤을 때, 저희를 놀라게 한 것 중 하나는 영화의 모든 이야기가 같은 아파트 단지에서 벌어진다는 사실이었습니다. 아파트 건물 하나를 지리적 장소로 삼아 원하는 이야기를 할 수 있다는 점이 훌륭하다고 생각했죠. 그 점이 저희에게 강한 인상을 남겼습니다. 그래서 왜인지는 잘 모르겠지만…… 아무튼 그 지역은 저희가 다큐멘터리영화를 촬영한 장소이기도 합니다. 저희가 어린 시절을 보낸 곳인데, 산업적으로 매우 강성했던 지역이었고 19세기에 탄생해 비약적으로 발전한 지역이었죠―탄광, 유리, 철강산업 등에 힘입어서요. 하지만 모든 것이 차례로 무너져버렸습니다. 저희는 그 끝을 보았고, 좋은 시절의 끝을, 말하자면 침체기를 경험했으며, 저희 영화에 등장하는 인물들

* 1989년 폴란드의 영화감독 크쥐시토프 키에슬로프스키가 성경의 십계명을 주제로 연출한 총 10편의 TV 미니시리즈. 20세기 말의 비틀린 인간 사회의 모습을 담담하면서도 진지하게 묘사해 많은 호평을 받았다.

의 모습을 보았습니다. 사실 다른 곳에서도 그런 모습들을 촬영할 수 있었지만, 굳이 이곳에서 촬영한 이유는 제작비가 더 적게 들었기 때문이기도 하죠. (웃음) 어쩌면 저희가 이야기를 쓸 때 다큐멘터리영화를 촬영하며 만났던 사람들의 기억이 떠올랐기 때문일 수도 있습니다. 저희는 많은 사람을 만났는데, 말하자면 그 사람들의 '조각들'이 저희의 인물들 안에 들어와 있는 거죠. 저희가 자란 곳, 어린 시절을 보낸 곳, 첫 금기들을 깨고 젊은이처럼 살기 시작한 곳이 바로 그곳입니다. 저희가 처음으로 영화를 본 곳이자, 교육을 받은 곳이고요. 뤽의 말처럼, 다소 상투적으로 들릴 수 있겠지만 어쨌든 말하겠습니다. 마치 도시가 저희를 부른 것 같기도 합니다. 제 동생이 한 말이에요. (웃음)

LD 저희는 모든 것이 변하는 것을 보았습니다. 로렌 지역과 비슷한 경우였죠. 로렌은 여러 기차역과 4만 명의 노동자, 학생들, 그랑제콜 서너 군데, 기술학교, 엔지니어, 기술자 들이 있는 매우 번영한 도시였습니다. 하지만 10년 만에 모든 것이 사라졌어요. 거리에서 마약 거래가 횡행하고, 러시아 불법 이민자들이 들어오기 시작하고, 악덕 숙박업자들이 생기고, 거리는 텅 비게 되었습니다. 도시의 토대가 완전히 황폐화되었기 때문이에요. 도시의 상업지

다르덴 형제

역에 아무도 일하러 오지 않는데 누가 상점을 열려고 하겠어요? 저희는 붕괴 현상을 목격했고 그것은 치명적이었습니다. 폭력이 자리 잡았고 작은 범죄 조직들과 성매매가 만연하기 시작했죠. 외로운 사람들, 절도를 하거나 자동차를 훔치는 젊은이들을 많이 보았습니다. 저희는 상속권을 박탈당한 그 사람들에게 관심을 가졌습니다. 본래 그들이 물려받아야 할 유산은 노동, 노동조합, 노동자계급이었으니까요. 〈약속〉을 만들 때 시나리오의 첫 번째 버전에서 "네 아버지는 바보야, 그를 떠나"라고 말하는 노인이 있었습니다. 하지만 생각했죠. '아니, 그 노인은 더 이상 존재하지 않고, 존재하더라도 더 이상 그렇게 말하지 않고, 어쨌든 누구도 그의 말을 들으려 하지도 않을 거야. 아이 스스로 아버지와 결별하는 방법을 찾아야만 해. 계속해서 끔찍한 일을 하게 만드는 아버지와 말이야.' 저희는 아프리카 여성과 함께 일을 꾸미는 이야기를 상상하기도 했습니다. 하지만 결국 고독하고 홀로인 인물들을 택했죠. 저희는 더 이상 아무도 타인에게 말을 걸지 않는 사회, 각자 인간의 의미, 아름다움, 그리고 나쁜 것보다는 좋은 것을 찾기 위해 현실에서 벗어나려 하는 사회—저는 저희 영화가 냉소적이거나 비관적이라고 생각하지 않기 때문에 단순화시켜 얘기하고 있습니다—에서 출발했습니다……. 도시가 저희를 불렀다면 바로 이것, 이 급격한 변화에 대해 이야기하기 위해서였을 거고, 이 버려진 도시의 젊은이들과 스스로를 버린 젊은이들을 보기 위해서였을 겁니다. 바로 이것을 증언하기 위해서였겠죠.

장 피에르 감독님, 라울 월시는 카메라가 위치할 수 있는 단 하나의 장소는 바로 할리우드 고전영화 안에 있다고 항상 말했습니다. 감독님의 생각과 정확히 같다고 보진 않는데요. 아무튼 감독님이 지금 적어도 큰 틀에서 알고 있는 것, 즉 카메라를 두어야 할 위치에 대해 〈약속〉에서 어떻게 감지하게 되었나요?

JPD 로베르 브레송은 한 강연에서 학생들에게 이렇게 말했습니다. "여러분이 영화를 만들고 싶다면 먼저 무언가에 반대해야 합니다." 〈약속〉을 만들 때, 저희는 이전 영화와 반대로 만들었습니다. 〈당신을 생각해요〉를 만들 때 제약이 필요하다고 생각하지 않았던 것에도 반대했죠. 저희는 스스로에게 제약을 두기 시작했습니다. 예를 들어, 기계장치도 더 이상 사용하지 않았는데, 촬영 현장에서 촬영기사가 트래블링 레일 위에서 움직이는 것을 더 이상 보고 싶지 않았기 때문입니다. 물론 이것이 다소 어리석은 관점이라는 데 동의합니다. 촬영기사들은 매력적이고 똑똑한 사람들이니까요. 이것은 단지 저희의 좋지 않았던 경험과 관련된 문제였습니다. 저희는 트래블링 레일을 설치하고 크레인을 조립하고 다시 해체하는 데 시간을 뺏기는 대신, 저희가 직접 작업 속도를 설정하기를 원했죠. 앞으로도 저희 영화에는 크레인도, 트래블링 레일도, 삼각대도 결코 없을 것입니다. 삼각대는 카메라맨의 다리가 대체할 거고, 특정 순간에 카메라의 움직임을 안정화시켜줄 시스템, 즉 카메라맨이 같은 장소에 더 오래 머물면서 어느 정도 안정적으로 움직일 수 있는 시스템을 찾아내는 일만이 있을 겁니다.

그런 식으로 〈약속〉의 작업을 시작했습니다. 그리고 전작에서 프레임을 빈 사각형이라 생각하고 무엇이든 채워야 한다고 여겼던 것과 반대로, 그 반대의 방식으로 작업해야겠다고 결심했죠. 즉 저희는 배우의 몸에서 시작했고, 그와 동시에 저희가 가리고 싶은 것에서부터 시작했습니다. 가리려고 노력하지 않으면, 저희가 무엇을 보여주고 싶은지도 결코 알 수 없으니까요. "그건 모든 영화감독이 아는 기본 지식이잖아"라고 말할 수도 있겠지만, 저희는 그것을 깨닫는 데 시간이 필요했고 실패를 통해 비로소 깨달았습니다. 또한 카메라의 위치와 관련해, 〈약속〉에서는 관객이 카메라가 그곳에 있다는 느낌을 받지 않도록, 그리고 영화에서 벌어지는 액션이 카메라로 촬영되고 연출된 것이라는 느낌을 받지 않도록 항상 노력했습니다. 저희가 보여주고 싶은 것들을 최대한 잘 보여주기 위해, 카메라가 일반적으로 있어야 할 자리에 위치하지 않도록 항상 신경 썼죠.

말씀하신 것들은 몇몇 장면들에서 분명하게 드러나는 것 같습니다. 특히 〈약속〉의 마지막에 아들과 아버지가 물리적으로 대치하는 그 가혹한 순간에서도요.

JPD 네……. 저희가 그 장면에 대해 다 설명드릴 수는 없을 것 같은데요. 그 장면에서 어떤 일이 일어났는지, 무엇이 실행되었고 무엇이 실행되지 않았는지, 저희가 무엇을 시도했고 어떤 대화를 나눴는지는 어느 정도 기억하고 있습니다. 저희 영화에는 적어도 문자 그대로의 의미에서 즉흥연기는 없습니다. 영화에서 일어나는 모든 것은 리허설을 거친 것이죠. 하지만 배우들이나 카메라 위치를 바닥에 따로 표시하지는 않기 때문에, 리허설 때와 정확히 일치하지 않을 수는 있습니다. 리허설한 것에서 항상 약간씩 변동될 여지가 있죠. 때때로 재조정도 필요한데 그때는 각자 알아서 적응해야 합니다. 저희는 필요한 최적의 위치에 카메라가 있지 않을 수도 있다고 자주 얘기합니다. 어떤 일이 일어날 때 카메라가 거기에 있어서 그것

다르덴 형제

을 기록하지만, 사실은 그 전에 일어났던 일을 찍기 위해 카메라가 그 자리에 있었던 것일 수 있죠. 저희는 항상 비록 연출된 것이지만 사물들이 계속 살아 있는 것처럼 보일 수 있도록 어떤 느낌을 주려 노력합니다. 이것은 영화를 닫힌 형식이 아니라, 관객이 각자 대화에 참여할 수 있는 형식으로 만들어주죠. 저희는 영화에 삶의 내면이 존재할 수 있게 하려고 노력합니다. 삶이 반드시 외부 세계를 향해 강하게 스스로를 드러내는 것은 아니기 때문이죠. 모든 것을 설명하려고 하지 않고 사물들을 있는 그대로 지속하게 놓아둠으로써, 삶 자체에 존재의 가능성을 부여할 수 있어야 합니다. 저희는 주어진 순간에 그들의 삶 속으로 들어갈 수 있도록 인물들을 만들어내죠.

네. 그런데 그런 장면은 어떻게 촬영하시나요?

JPD 〈약속〉에서 이별의 순간이 있는데, 아들이 아버지와 어떻게 헤어지는지 보여주죠. 그 순간 아들이 이별하는 방식은 아버지를 묶어서 혼자 조용히 내버려두는 것입니다. (웃음) 그 장면은 그냥 그렇게 촬영된 것이 아닙니다. 그 장면의 폭력성은 무엇보다 관객이 그 장면을 촬영된 시간과 거의 같은 시간 동안 보게 된다는 사실에서 비롯됩니다. 그 장면의 폭력성은 올리비에 구르메가 혼자 풀숏으로 찍힐 때, 즉 공중에서 쇠사슬을 잡아당기다가 고통을 느낄 때 제대로 구체화되죠. 배우가 다치게 된다는 것을 말하는 게 아니라, 등장인물이 고통을 느끼면서도 힘과 완력으로 사슬에서 벗어나려 한다는 것을 말합니다. 올리비에가 이 장면에서 대단한 폭력성을 만들어냈다고 생각해요. 그는 아들이 자신의 발에 묶어놓은 쇠사슬을 끊어버리고 싶어 하죠.

LD 하지만 그는 끊지 못합니다. (웃음) 이고르는 영리한 아이여서 이 일을 해냈는데, 왜냐하면 그가 찾은 자물쇠가 우연히 거기 있었던 게 아니라 그가 그 전에 열어야 했던 수납장의 자물쇠였기 때문입니다. 저희는 항상 영화에서 소품들이 각자 하나의 이야기를 갖고 있도록, 임의로 놓인 게 아니도록 노력합니다. 그리고 등장인물은 항상 관객보다 조금 앞서가고 있다고 생각해요. 저희는 등장인물이 일을 하고, 무언가를 찾고, 그들 앞에 놓인 소소한 문제들에 대해 구체적인 해결책을 발견하는 것을 좋아합니다. 인물들은 그들이 처한 상황을 극복하고, 하나의 문제를 해결하고 또 다른 문제를 해결하며, 그렇게 영화도 그들과 함께 앞으로 나아갑니다.

로제타가 수많은 사물들—병, 흙—과 맺는 촉각적 관계에서, 그

다르덴 형제

리고 그 모든 것을 다루는 방식에서 그 점을 확인할 수 있습니다. 그 녀만의 세계가 지닌 또 다른 측면이죠.

JPD 그것은 로제타의 생존의 몸짓들입니다. 특히 '병 낚시'라 불리는 게 그에 해당하죠. 영화에서는 캠프장 관리인이 알아채지 못하도록 은밀하게 행해집니다. 로제타는 카라반이라는 아주 비좁은 공간에 기거합니다. 그래서 마치 생존을 위한 최초의 몸짓들로 돌아간 것처럼 보이죠. 지렁이, 물, 물고기처럼요. 저희는 등장인물들이 누구이고 무엇을 하며 무엇을 원하는지를, 저희가 중요하다고 여기는 소품들과 몸짓들과 오브제들을 통해 이야기하고 싶었습니다. 저희가 많은 시간을 할애한 그 낚시 장면은 이 소녀가 얼마나 강한 생존 의지를 갖고 있는지를 말해주죠.

LD 구걸하는 어머니와 반대로요.

JPD 저희는 행동을 통해 인물의 상태를 설명하려고 노력했습니다. 영화 초반에 로제타는 아주 빠르게 걷고, 프레임 안에서 자신의 자리를 찾는 데 어려움을 겪습니다. 세상에 더 이상 그녀의 자리가 없기 때문이죠. 그녀가 공장에서 쫓겨나기 전에 찾아낸 유일한 자리는 옷장 안입니다. 영화에 대사가 많지는 않지만, 저희는 신체의 움직임과 인물이 사물을 다루는 방식으로 내용을 구현하려고 노력했습니다.

LD 로제타는 카라반에서 사는 것을 견디지 못합니다. 그래서 어머니의 정원을 파괴하고 식물을 뽑아내며 말하죠. "우리가 살 곳은 여기가 아니라 집이에요."

JPD 그녀는 20세기 후반의 로빈슨 크루소 같은 존재이죠. (웃음)

LD 저희는 로제타를 군인으로 간주했습니다. 도시로 전쟁을 나갔다가 장애와 병, 알코올중독 등을 겪고 있는 어머니를 부양하기 위해 시골 후방으로 돌아오는 군인 말이죠. 도시와 숲 사이의 경계는 차들이 빠르게 달리는 도로입니다. 도시―공장―에서 사람들은 로제타를 한 가지 생각만 갖고 있는 소녀, 즉 일을 하고 싶다는 생각만 있는 소녀로 여겼습니다. 그녀에게 일을 하지 않는다는 것은 곧 죽음을 의미했죠. 인물을 만들 때, 저희는 그것이 로제타의 고정된 생각이라고 여겼습니다. '로제타는 사회복지기관의 도움을 받을 수도 있고 아르바이트들을 하며 살 수도 있을 거야'라고 상상하지 않았죠. 그녀는 일에서 약간 소외되어 있지만 항상 일이 최고의 가치라고 여기고, 저희도 그녀 입장에서 생각했습니다. 인사관리자가 그녀에게 "수습 기간 중인 직원은 너뿐이고, 그래서 해고되는 것이지 너 때문은 아니야"라고 말했을 때 그녀가 공장에 집착하게 될 거라고 생각한 것도 바로 그 때문이죠. 그는 그녀를 탓하지 않습니다. 하지만 그녀는 그걸 이해하지 못하죠. 그녀에겐 계급의식도 없고 함께 투쟁하겠다는 생각도 없으니까요. 그런 것들은 그녀의 삶에 속한 게 아닙니다. 그녀는 어떤 대가를 치르더라도 일을 하고 싶어 합니다. 그녀에게 자신의 일자리를 내줄 수도 있는 상대를 거의 죽게 내버려둘 정도로 말이죠. 그래서 저희는 그녀를 이렇게 보았습니다. 엄청난 에너지를 갖고 있고, 단호하며, 하나의 목표를 가지고 한 가지 일에 집착하는 사람으로요. 영화 초반 숏을 길게 이어 찍을 때, 그녀가 카메라 바로 앞에서 쾅 하고 문을 닫을 때마다 매번 컷을 둔 것도 그런 이유에서였습니다. 심지어 사고도 한 번 겪었는데, 저희가 장초점렌즈로 찍지 않고 그녀 가까이 있었기 때문에 발생했죠. 즉 그녀가 문을 닫을 때 카메라는 마치 그녀가 문을 닫을 걸 예상하지 못했던 것처럼 조금 더 앞으로 이동해야 했는데, 그 때문에 초점이 약간 흐릿해졌고 그래서 다시 촬영을 해야 했습니다. 저희는 그녀—에밀리 드켄—에게 "당신이 하고 싶은 대로 하세요. 아무것도 신경 쓰지 말고, 저희가 없는 것처럼 움직여요"라고 말했죠. 그녀는 정말 그렇게 했고, 결국 사고가 나고 말았습니다. 저희는 그녀가 어디에 있는지 볼 수 없었기 때문에, "쾅!" 하고 충돌이 일어났어요. (웃음) 화재가 난 방에 들어갔는

영화 〈로제타〉 촬영 현장

데 포인터로 어디를 가리킬지, 어디를 봐야 할지 모르는 것과 비슷한 상황이었습니다. 그다음, 저희는 방해물을 발견해서 그녀에게 사장을 피해 방해물 밑으로 지나가게 했어요. 나중에 사장이 그녀를 다시 발견하죠. 저희는 에밀리에게 "당신은 황소처럼 움직여야 해요. 폭발할 준비가 되어 있는 것처럼요"라고 말했어요. 에밀리는 고립된 상태로 여성과 보스 사이에 있게 되자, 여성에게 말합니다. "네가 내가 늦었다고 고자질한 게 사실이야?" 카메라를 이리저리 움직여 싸움을 촬영하고 강조하고 싶은 유혹도 있었습니다. 하지만 자세히 보면, 움직이는 것은 저희가 아니고 인물들입니다. 로제타가 여자와 보스를 향해 움직일 때 카메라는 그녀를 따라가지만, 싸움의 효과를 증대시키기 위한 어떤 움직임도 만들어내지 않죠. 그녀는 정말로 그와 싸우며, 그를 제대로 다치게 합니다. 그의 코뼈를 부러뜨렸죠.

두 분 영화의 경우, 이런 대결에서 신체적 크기가 매우 중요해보입니다. 반드시 폭력이 동반되지 않더라도 말이지요…… 영화 〈아들〉에서 소년이 올리비에를 만나는 장면이 생각납니다. 소년은 그의 아들을 살해한 범인일 수도 있죠. 그 만남 장면에서 두 사람은 서로를 바라보며 상대의 크기를 가늠합니다. 놀라운 것은, 다른 감독이라면

이 장면을 분절해 보여주었을 것이라는 점이죠. 여기서 카메라는 약간 회전운동을 하지만, 하나의 시퀀스숏 안에서 줄곧 연속성을 유지합니다. 한편, 침묵의 역할도 중요하다고 봅니다. 두 분은 침묵할 수 있는 능력에 따라 배우를 선택하시기도 하나요?

LD 캐스팅의 주요 기준들 중 하나는 배우가 저희의 질문에 저항하는지 여부였습니다. 〈아들〉의 주인공 소년의 경우가 그랬고, 그 점이 저희가 그를 선택한 이유 중 하나였습니다. 영화를 만들면서 저희는 올리비에가 목수인 게 좋을 것 같다고 생각했습니다. 영화 속 소년이 사회복귀를 위한 견습 과정을 밟고 있었고 키가 꽤 컸기 때문이죠. 저희는 가장 중요한 것이 무엇인지, 두 신체 사이에 가능한 거리가 얼마 정도일지 자문해보았습니다. 한 사람이 다른 사람의 아들을 살해한 거니까요. 올리비에는 그에게 가까이 갈 수 있을까, 없을까? 소년은 아무것도 모르니 그에게 기꺼이 다가가려 합니다. 올리비에는 그러고 싶어 하지 않죠. 그가 소년에게 감자튀김 봉지를 건네는 순간이 두 인물 사이에서 물건이 직접 전달되는 첫 번째 순간입니다. 영화는 시종일관 두 사람 사이의 거리를 측정하는 데 집중합니다. 관객은 소년이 올리비에의 아들을 죽였다는 것을 알고 있기 때문에 더 가까워지면 그가 어떻게 할지, 즉 소년을 죽이려 할지 궁금해합니다. 분명한 것

다르덴 형제

은, 그들이 서로를 좋아하게 되지는 않을 거라는 점입니다. 영화는 올리비에가 소년을 죽이고 싶어 할 때까지 이런 아슬아슬한 상황을 이어갑니다. 그는 소년을 죽이지 않지만 죽일 뻔한 순간에 다다르죠.

두 분을 통해 얼굴을 알리게 되는 이 배우들은 어떻게 선택하시나요? 미지의 배우들에 대한 선택은 어떻게 이루어지나요? "그녀야" 또는 "그야"라고 말하게 되는 이유는 무엇인지요?

JPD 에밀리 드켄과 제레미 레니에의 경우, 매번 두 사람이 마지막에 남았어요. 결국 가장 중요한 이유는 상황을 흡수하는 그들의 능력, 즉 얼굴과 몸을 통해 카메라와 관객의 시선을 끌어들일 수 있는 능력이었던 것 같습니다. 일종의 도박 같은 건데, 제레미의 경우 이 영화—〈약속〉—를 만들 때 어렸기 때문에 무엇보다 침묵의 힘을 많이 이용했습니다. 그는 저희에게 "무슨 일이 일어나는지 정말 이해하지 못했다"라고 말했는데, 저희가 그에게서 침묵의 힘을 많이 훔친 거죠. 에밀리의 경우는 사정이 달랐습니다. 그녀는 나이가 더 많았고, 제레미가 어린 시절에서 막 벗어났던 것과 달리 경험이 쌓여 있었죠. 어쨌든 위에 말한 이유로 두 사람을 선택한 것 같습니다. 〈아들〉의 배우인 모르강 마린도 마찬가지이고요. 특히 제레미는 모든

영화 〈약속〉에서 이고르를 연기한 제레미 레니에

것을 흡수하는 능력이 있었어요. 그는 신체적으로도 매우 뛰어났고, 몸동작이 자유로웠죠. 또 불량소년처럼 보이기도 하고 천사처럼 보이기도 하는 이중성을 지니고 있었어요. 로제타 역을 결정하게 된 계기는 로제타가 가방을 몸에 멘 채 빵집의 반죽 통 주위를 돌아다니는 장면 때문이었습니다. 에밀리와 함께 이 장면을 리허설했는데, 리허설 중에 에밀리가 테이블에 매달리는 것을 보고—장면을 변주해 리허설했어요—생각했죠. '이 소녀는 이 영화를 하겠다는 의지에 매달리는 것처럼 테이블에 매달리는군. 그녀에게는 우리가 로제타라는 인물에서 찾고 있는 것에 걸맞은 강인함과 관대함이 있어.' 캐스팅 막바지까지 그녀와 함께했던 다른 소녀는 또 다른 존재감을 보여주었어요. 그 소녀는 훨씬 더 경쾌한 느낌이었는데, 그녀의 로제타는 두 발을 땅에 딛지 않고 땅 위에 떠 있을 것 같은 느낌을 줬습니다. 에밀리는 땅에 사는 좀 더 '농부 같은' 체격이었고 그 소녀는 더 날씬했는데, 저희는 몇 주 동안 망설이다가 에밀리를 선택했습니다. 한번은 에밀리가 촬영 현장에 와서 저희와 한 시간 정도 작업했는데, 그때 그녀의 어머니도 옆방에 계셨어요. 에밀리는 화장을 많이 한 상태였죠. 구두를 신고는 빨리 걸을 수 없어서 일단 구두를 벗어야 했습니다. 또 조끼를 벗어야 했고, 그녀의 눈이 제대로 보이지 않아서 화장도 지워야 했습니다. 그녀는 꽤 변신하게 되었는데, 그녀가 나왔을 때 그녀의 어머니가 "그들이 너에게 무슨 짓을 한 거니?"라고 외치는 소리가 들렸습니다. 에밀리는 울음을 터뜨렸고, 그만큼 육체적으로도 매우 힘든 작업이었어요.

LD 가끔씩 그녀의 몸에서 순환하는 피가 머리로 솟아올라 그녀의 얼굴이 빨갛게 변했다가 하얗게 되기도 했습니다……. 저희는 그녀가 어떤 모습이 되든 전혀 바꾸지 않았고 그녀를 분장시키지도 않았어요. 예를 들면, 더위 때문에 혹은 추위 때문에 그녀의 얼굴이 붉어지는 것이 정말 마음에 들었죠. 그녀는 영화가 만들어지는 동안 아주 많이 변했습니다.

두 분의 영화를 할리우드 액션영화와 연결시켜주는 또 다른 양식이 있습니다. 바로 스토리 안에 추격전, 속도, 급작스러운 가속이 포함되어 있다는 점이죠. 일례로 〈더 차일드〉에서 오토바이와 자동차 간의 추격전이 생각나는데, 이 장면은 영화 〈프렌치 커넥션〉에 견줄 만한 장면이라 할 수 있습니다! 그런 시퀀스는 어떻게 촬영하셨나요? 기술적으로는 어떻게 작업하셨나요?

LD 모든 이동 장면은 오토바이로 촬영했습니다. 두 대의 오토바이를 이용했죠. 한 대에는 카메라맨이 탔어요. 카메

다르덴 형제

라맨이 달려오는 인물들과 마주 보도록 오토바이 뒤쪽에 좌석을 설치했는데, 그렇게 하지 않았다면 오토바이 운전자 등에 올라타야 했을 겁니다. 다른 오토바이에는 화면의 범위를 체크하는 스태프가 탔습니다. 형과 저는 눈에 띄지 않는 곳에 위치한 차에 탔고요. 두 대의 오토바이와는 이어폰으로 교신했습니다.

JPD 사실 이것은 물류 보급 작업 같은 것이어서, 잘 준비되면 꽤 빠르게 진행됩니다. 오토바이와 오토바이를 추격하는 자동차에 적합한 움직임을 찾는 것이 관건이죠. 또한 인간에 대한 신뢰도 필요합니다.

LD 뒤에서 추격하는 차의 운전자는 실제 카레이서예요.

JPD 저희는 제레미를 신뢰했습니다. '그가 오토바이를 운전하고, 연석緣石을 뛰어넘고, 내려가다 땅속에 처박히는 걸 해낼 수 있겠지'라고 생각했죠. 그는 모든 것을 해냈고 저희는 커트하지 않고 계속 찍었습니다. 저희는 꽤 긴 롱테이크를 시도했는데, 숏의 분할이 아닌 숏의 길이를 통해 긴장감을 창출하려고 노력했습니다. 사실 거의 분할하지 않기도 했고요.

LD 두 개의 이동촬영 장면 사이에 일시적인 고정숏이 있습니다. 제레미가 방향을 바꾸었고, 차는 방해물 때문에 멈춰야 했죠. 그는 다시 달립니다. 그리고 그가 터널로 들어가기 전에, 저희는 약간의 위험을 만들어내기 위해 차 한 대가 그 앞에서 멈추게 했습니다. 그런데 바로 그 전에 또 다른 차가 우연히 오토바이 앞을 지나가죠. 저희는 촬영을 위해 모든 곳을 차단하고 저희의 차들만 남겨두었는데, 한 남자가 차고에서 차를 끌고 나온 겁니다. 그는 차단된 구간 안에 살고 있었거든요. 계획된 것은 아니었지만, 그가 이 장면에 무언가를 더했습니다. (웃음)

두 분은 〈로나의 침묵〉을 통해 스타일을 조금 바꿉니다. 이 영화에서 두 분은 훨씬 더 로맨틱하고 훨씬 더 복잡하며 보다 덜 선형적인 시나리오를 만들어내기 시작했죠. 그다음 단계는, 세실 드 프랑스나 마리옹 코티야르처럼 자신만의 영화적 과거를 가진 사람들이 두 분 영화에 참여하는 것이었습니다. 두 여배우는 각자 고유한 과거와 각자 연기한 역할들을 지니고 있었지만, 두 분은 그녀들을 두 분의 작은 우주 안에 합류하게 하고 비전문 배우 또는 이제 막 발견한 신인배우들과 함께 연기하게 하는 데 주저하지 않으셨습니다.

LD '마리옹 코티야르와 세실 드 프랑스를 데려와 우리 가족의 일원으로 삼겠다'라고 결정한 것은 저희에게 대단한 도전이었습니다. 특히 〈내일을 위한 시간〉에 출연한 마리옹 코티야르의 경우는 진짜 도박이었죠. 왜냐하면 그녀는 다른 많은 영화에 출연해 사람들이 줄곧 봐왔고, 디올의 모델이라 광고 포스터에서도 볼 수 있었기 때문이죠. 따라서 그녀는 저희 영화를 위해 정말로 몸을, 외모를 바꿔야 했고 다른 사람이 되어야 했습니다. 저희는 이렇게 말하곤 했죠. "마리옹에게서 오라를 제거하고, 평범하게 만들고, 그녀를 세랭의 아가씨로, 길을 거니는 예쁜 교외 여성으로 만들어야 해. 무엇보다 그녀가 남들과 다르다는 것을 상기시킬 수 있는 어떤 것도, 발걸음 하나도 남겨둬선 안 돼." 그러니까 모든 것을 지워야 했습니다. 마리옹은 "저를 두 분이 원하는 대로 만드세요"라고 말해주었죠. 그녀는 다른 사람이 되어야 한다는 것을 알았고, 매우 훌륭한 배우이면서도 배우가 모든 것을 통제할 수는 없다는 것을, 통제할 수 있다고 생각할 때 실수를 저지른다는 것을 알고 있었습니다. 그래서 그녀는 저희에게 자신을 맡겼습니다……. 5주 동안 리허설을 하면서 많은 것을 시도했어요. 넘어지고, 일어나고, 걷고, 앉고, 가방에서 휴대전화를 꺼내고, 가방을 왼쪽에 들었다 오른쪽에 들었다 하고, 헤어스타일을 바꾸고, 실제 촬영 장소에서 다양한 티셔츠와 옷을 입어보았죠. 25일 동안 저희는 비디오카메라로 리허설을 촬영했고, 그 리허설을 통해 인물들의 캐릭터를 만들어냈습니다. 저희도 아니고, 그녀도 아니고, '반죽을 뒤치며 두드리는' 과정 덕분에 발생한 어떤 것이었죠. 그렇게 마리옹은 산드라가 되었습니다. 세실의 경우는 좀 다릅니다. 그녀가 주연이 아니라 아이가 주연이었기 때문이죠. 하지만 전문 배우라면, 연기를 한 적이 없지만 진정한 존재감을 가진 아이와 마주했을 때 이렇게 생각하게 됩니다. '나도 이 아이처럼, 이 작은 동물처럼 순수해져야 해. 그렇지 않으면, 배우들이 흔히 얘기하는 것처럼 아이가 모든 숏의 중심을 차지할 거야.' 배우들 생각이 맞습니다. 그녀는 아이와 똑같이 순수해져야 했죠. 그녀는 그 일을 해냈습니다. 자신을 내려놓았고, 아이가 연기하는 걸 지켜볼 줄 알았죠. 물론 그녀가 훌륭한 배우였기 때문에 그것을 할 수 있었습니다.

클로드 소테는 자신의 영화들을 "움직이는 초상화"라고 말하곤 했습니다. 이 표현이 두 분의 영화에도 잘 적용된다고 생각하는데요. 두 분의 영화들은 본질적으로 여성에 대한 움직이는 초상화라 할 수 있습니다. 한편, 뤽 다르덴 감독님은 최근 쇠이유 출판사에서 두 편의 영화 시나리오와 더불어 시나리오 집필, 배우 캐스팅, 촬영할 수 없었던 영화, 인상 깊게 보았던 영화 등에 대해 기록한 250페이지 분량의 '직업 일기'도 포함하는 아주 흥미로운 책을 출판하셨습니다. 『우리 이미지들의 뒷면』이라는 제목의 책이죠. 몇 년 전에 1권이 나왔었고, 이번 책은 2권에 해당하는 것으로 2005~2014년 사이의 일들을 다루고

다르덴 형제

있습니다. 장 피에르 감독님, 흥미로운 점은 영화 〈자전거 탄 소년〉과 〈내일을 위한 시간〉 프로젝트가 아주 오래전으로 거슬러 올라간다는 사실입니다. 2006년에 이미 두 분은 이 두 영화에 대해 생각하고 계셨고, 두 영화에는 서로 교차되는 지점들이 있습니다. 이처럼 이전에 구상했지만 나중에 제작에 들어간 시나리오나, 혹은 반대로 완성되기도 전에 제작에 들어간 시나리오가 있나요?

JPD 아니요. 저희는 거의 완성된 프로젝트 서너 편을 항상 장롱에 보관하고 있는 영화감독 유형에 속하지 않습니다. 말씀하신 프로젝트들은 저희가 여러 가지 이유로 더 진행시킬 방법을 찾지 못해 촬영을 시작했다가 포기한 이야기의 조각이나 단편들입니다. 산드라에 대한 이야기는 1990년대 말부터 계속 끌고 온 이야기인데요. 어쩌면 저희가 진정으로 하고 싶지 않았던 이야기여서일 수도 있지만, 어쨌든 아무런 결과도 얻지 못했습니다. 여러 장면들을 따로 찍어보고 여러 구조들을 시도해봤지만 잘 풀리지 않았어요. 어느 시점에서 산드라가 누군가의 도움을 받을 텐데 그녀를 돕는 사람이 그녀와 관계없는 다른 이야기의 조각을 끌고 들어오지 않을까 항상 걱정했기 때문이죠. 저희는 다소 성급하게 '결국은 산드라의 이야기가 다른 이야기를 위한 구실이 되고 말거야'라고 생각하곤 했습니다. 그런데 '그녀를 도와줄 사람은 그녀의 남편이지'라고 생각하는 순간, 모든 것이 풀리기 시작했습니다. '그녀에게는 두 아이와 남편이 있고 남편이 그녀의 코치가 될 거야'라고 생각하자 이 이야기를 중심으로 쌓아두었던 조각들이 제자리에 놓이기 시작한 거죠. 약간 과장해서 말하면, 결말을 얻은 건 아니지만 영화가 제자리를 찾기 시작했습니다.

〈내일을 위한 시간〉과 관련해 흥미로운 것은, 제한된 공간에서 촬영되었지만 일종의 로드무비라는 점입니다. 제가 소테의 "움직이는 초상화"에 대해 말한 것처럼, 그녀―산드라―는 항상 움직이고 있죠.

LD 네, 저희는 그녀가 걷고, 피곤해하는 걸 보는 것이 좋았습니다. 피로와 호흡을 통해 그녀의 몸이 살아 있는 것을 보는 게, 호흡을 속이지 않는 걸 보는 게 좋았어요. 그녀는 계단도 많이 올라갔죠……. 저희는 배우의 몸이 스스로 드러내고 말하는 것을 좋아합니다. 그런데 이 영화에서는 물론 몸으로도 말하지만, 다른 영화에서보다 말로 더 많이 이야기합니다. 그녀가 사람들을 만나고, 이야기하고, 협상하기 때문이죠. 그녀를 바라보는 것만으로 그들의 마음이 바뀌는 것은 아니기 때문입니다. 로베르와 쥘리에트라는 두 친구가 있습니다. 이들은 처음부터 그녀와 연대했죠. 하지만 그녀가 만나러 갔을 때 "난 네가 돌아오는 것보다 내 보너스를 더 원해"라고 말하는 다른 사람들, 그들은 친구도 아니고 낯선 사람도 아니며 적도 아닙니다. 그냥 그녀와 함께 일하는 사람들이에요. 저희가 가장 중요하게 생각한 기준은, 산드라가 그들 앞에 등장할 때 그녀에게는 자신의 행동을 정당화할 서브텍스트가 있다는 것이었습니다. 그녀는 천 유로를 포기하는 것이 어떤 의미인지 잘 알고 있습니다. 천 유로는 한 달 치 임금이기 때문에 그녀는 함부로 판단을 내리지 않죠. 또한 그들은 그녀의 친구가 아니기 때문에 그들이 거절하면 그녀는 받아들입니다. 한편, 그녀는 여러 번 "나는 가지 않을 거야. 구걸하고 싶지 않아"라고 말했기 때문에 그녀가 구걸하는 것처럼 보이지 않아야 한다는 사실이 있었습니다. 그녀는 또한 폭력적인 일이 일어날 수도 있다고 말했죠. "내가 가서 그들을 귀찮게 하면, 그들은 마음을 바꾸려 하지 않을 거고 나도 그들을 때리고 싶을 거야." 따라서 복잡한 상황이었습니다. 남편과 함께 산드라가 새집으로 이사한 안을 만나러 갔을 때, 그 여배우는 이미 무너지기 직전이었습니다―안에 대해 이야기하고 있습니다. 그녀의 눈과 얼굴은 붉어졌고 제대로 움직이지도 않았죠. 저희는 그녀가 이미 산드라와 너무 가까워졌다고 느꼈습니다. 그런데 그 감정은 나중에 표현되어야 했어요. 아까 형이 얘기한 리

영화 〈내일을 위한 시간〉 촬영 현장

듬은 신체의 움직임, 프레임 및 소품들에 의해 발생하는 리듬일 뿐 아니라, 배우가 천천히 혹은 갑작스럽게 감정의 변화를 표현하는 것에 따라 발생하는 리듬이기도 합니다. 갑자기 안은 산드라가 무너지는 것을 보고 따라서 무너집니다. 산드라가 자신에게 거절당해서 긴장했다고 말하는 것을 보면서요. 연출할 때 너무 이르지도, 너무 늦지도 않게 잘 조절해야 하는 이유가 바로 여기에 있습니다. 그러고 나서, 산드라는 물러나고 울음을 터뜨립니다. 저희는 산드라가 카메라 앞에서 울면 너무 감정을 드러내게 되기 때문에 카메라 앞에서는 울지 말아야 한다고 생각했습니다. 그녀가 부끄러운 듯 몸을 감춰야 하고 우는 모습을 보여주고 싶어 하지 않아야 한다고 생각했죠. 그녀는 안에게도, 카메라에게도 우는 모습을 보여주고 싶어 하지 않습니다. 저희는 수없이 자문해보았어요. '동료를 만나러 간다는 것은 어떤 느낌일까?' 이 일은 교실에서 일어나는 일이 아니잖아요. 다음 날 저희는 배우들과 다시 만났고, 마리옹—산드라—은 이렇게 말했습니다. "제가 다시 회사로 돌아가면 거절한 사람들과 돈을 잃는 사람들은 모두 저를 어떻게 바라볼까요? 저는 그들을 어떻게 바라볼까요? 그 압박감은 견딜 수 없을 거예요." 남편과 함께 있을 때 산드라는 자신을 내려놓을 수 있지만, 그들 앞에서는 일정한 이미지를 유지해야 합니다. 저희가 좋아했던 순간은 그녀가 자신을 조금 팔면서 이렇게 말할 때였어요. "나는 몸 상태도 좋고 우울증에서 벗어나고 있어서 괜찮아요." 애절한 순간이었는데, 마리옹은 그 순간을 훌륭하게 연기해냈습니다. 사람들은 산드라에 대해 이렇게 생각하게 되죠. 불쌍한 여인, 동료의 표를 얻기 위해 그렇게까지 해야 하나.

〈자전거 탄 소년〉의 경우, 어린 소년이 무언가를 제안하며 두 분을 놀라게 했나요? 아니면 두 분이 말하는 대로 충실히 따랐나요? 세면대와 수도꼭지에서의 장면은 자로 잰 듯 정확히 만들어졌나요?

JPD 그 정도까지는 아니었습니다. 시퀀스숏의 촬영은 리듬을 찾았다고 느끼는 순간부터, 그리고 긴장과 이완의 순간이 있는 리듬이 마치 악보와 같다고 느껴지는 순간부터 비로소 진행이 가능해지기 때문입니다. 물론 그 숏을 통해 저희가 하고 싶은 이야기를 전달해야 하고, 그 시점에서 저희가 원하는 인물들의 관계를 만들어낼 수 있어야 합니다. 그것은 오로지 리듬 위에서만 가능하죠. 침묵, 대화, 움직임이 만들어내는 리듬 말이에요. 다른 어떤 것보다 바로 이 리듬이 중요합니다. 촬영을 시작하면 저희가 적합하다고 생각했던 리듬이 그렇지 않을 수도 있다는 것을 깨닫는 경우가 있습니다—어떤 동작 뒤에는 침묵이 조금 더 필요하고, 다른 동작 뒤에는 침묵이 약간 덜 필요한 경우가 있죠. 리허설 작업이 적확한 리듬을 찾는 데 도움을 줍니다. 그 작업을 존중하지 않으면, 해당 장면에서 잘라내도 되는 숏들을 솎아낼 수 없기 때문에 결코 리듬을 찾는 데 도달할 수 없죠. 그래서 어느 순간부터 소년은 촬영 현장에 존재하려 노력했고, 저희가 배우들에게 요구한 것도 바로 "그곳에 존재하라"는 점이었습니다. 리허설도 결국은 각자가 정말로 거기에 존재하도록 만들기 위한 것이고요. 한 번도 연기를 해본 적이 없는 배우들의 경우, 살면서 쌓아온 이미지들과 태도, 몸짓, 등장인물과 관련 없는 습관들을 모두 버려야 합니다. 리허설하는 동안 바로 이런 것들을 벗겨내는 데 시간을 할애하죠. 전문 배우의 경우, 제가 보기에는—그들이 어떤 식으로 생각할지 모르기 때문에 '제가 보기에는'이라고 했습니다—스스로 쌓아온 이미지, 테크닉으로 숨겨왔던 이미지들을 제거하는 게 중요합니다. 바로 이것이 저희가 다다르고 싶은 지점이며, 부분적으로는 그것을 이루어냈다고 생각해요. 왜냐하면 리허설 동안 신뢰의 분위기를 조성하려고 노력했기 때문이고, 그로 인해 모두가 조금씩은 자신을 벗어던지고 카메라 앞에서 벌거벗은 상태로 서기 시작했기 때문입니다.

또한 저희는 둘이기 때문에, 무언가를 하다가 제대로 되지 않는다고 판단되면 뤽이 저에게 "형, 이건 아니야. 우리가 시도한 것, 우리가 찾아낸 것이 이상한 것 같아"라고 말해줄 수 있어서 작업이 진행될 수 있었죠. 처음에 세실은 불안해하면서 '저들은 자신이 원하는 게 뭔지 모르나봐' 또는 '정말 모른다고 말하려 하네'라고 생각했어요. 감독은 항상 안다고 말해야 하는 자리인데, 저희는 두 사람이고 둘 다 다른 무언가를 말해야 했기 때문에 배우들도 저희가 최대한 노력하고 있다는 것을 알게 되었죠. 리허설은 이처럼 무언가를 버리는 분위기를 조성할 수 있었습니다. 배우들과 3~4주 동안 리허설을 하고 나면, 첫 주에 리허설했던 배우들과는 전혀 다른 사람이 되어 있었어요. 소년도 아주 강한 내면을 가진 뛰어난 유형이어서 그렇게 될 수 있었습니다. 저희가 그에게 가르친 유일한 것은, 그가 다른 배우들과의 신체적 관계를 힘들어했기 때문에 투쟁심을 길러주는 것뿐이었죠. 그리고 사회자께서도 두 번의 전화 통화 장면에서 상대방이 없다는 것을 눈치채셨을 겁니다. 전문 배우에게는 상대적으로 쉬운 일이지만, 연기를 해본 적이 없는 아이는 전화를 받는 사람이 없으니 누군가를 상상해야 했어요. 그래서 상대방이 하는 얘기를 저희가 대신 아이에게 들려주었습니다.

영화 〈자전거 탄 소년〉 스틸컷

두 분은 보기 드문 능력을 갖고 계십니다. 배우들뿐 아니라 제레미 레니에나 〈자전거 탄 소년〉의 토마 도레 같은 어린 배우들을 발굴하는 능력이죠. 등장인물과 배우 중 무엇을 먼저 보시나요?

JPD 〈약속〉의 경우 시나리오가 있었지만, 누가 그 소년을 맡을지는 몰랐습니다. 시나리오에는 어떤 메모도 없었고, "금발에 마른 체격인 어린 소년" 정도도 적혀 있지 않았죠. 나이와 성별만 표기되어 있었습니다.

LD 아랍인일 수도 있고 심지어 사하라사막 이남에 사는 아프리카인일 수도 있을 만큼, 저희는 아무것도 몰랐습니다…….

JPD 그건 저희의 일면입니다. 저희의 다른 면도 있는데, 영화 〈아들〉의 경우가 그렇죠. 저희는 올리비에에게 "당신이 주인공으로 등장하는 영화를 만들 거고, 사랑 이야기가 될 거예요"라고 말한 적이 있습니다. 그게 바로 〈아들〉이었는데, 이 영화도 일종의 사랑 이야기라 할 수 있죠. 곧이어 〈아들〉에는 목수 캐릭터가 등장하게 되었고, 예정대로 올리비에가 그 역을 맡았습니다. 하지만 누가 소년을 맡게 될지는 몰랐어요……. 세실 드 프랑스와 마리옹 코티야르의 경우, 영화감독으로서 저희는 이렇게 생각했습니다. '우리가 스타와 어떻게 작업할 수 있는지 알아보는 것도 흥미로울 것 같아.' 물론 저희 둘 다, 배우라면 유명하든 아니든 변화할 수 있어야 한다는 데 의견이 일치했죠. 그렇지 않다면 다소 폭이 좁은 배우인 거라고 판단했습니다. 저희가 말하는 변화란, 진정한 스타는 스스로 통제할 수 없는 일련의 이미지에 끌려다니지 않는다는 것을 뜻합니다. "그녀가 벨기에 세랭의 여성 노동자가 되어 다른 배우들처럼 존재할 수 있을까?" "그녀를 우리의 영화 그릇 안에 담을 수 있을까?" 매 영화마다, 저희는 일종의 내기를 걸었습니다.

벨기에의 예술적 전통을 살펴보면 거의 상반되는 두 가지 흐름이 있는 것 같습니다. 한편에는 앙리 스톡이나 폴 메예르 Paul Meyer **같은 다큐멘터리 영화감독들처럼 일상생활과 평범한 사람들, 때로는 불우한 사회적 환경 속 사람들을 사실적으로 묘사하면서 현실에 매우 집중하는 경향이 있습니다. 다른 한편에는 문학, 회화, 판타지 장르에서 초현실주의와 상징주의 양식을 강하게 드러내는 경향—르네 마그리트, 서로 전혀 혈족 관계가 아닌 앙드레 델보와 폴 델보—이 있죠. 두 분은 첫 번째 진영을 선택하셨다고 할 수 있겠군요.**

LD 저희가 선택한 것이 아니라, 그 경향이 저희를 선택했죠…….

때때로 현실 탐구는 판타지적인 형식에 다다를 수 있습니다. 예를 들어, 프랑스의 조르주 프랑주 같은 감독은 다큐멘터리영화의 거

물이었지만 판타지 계열의 영화들(〈얼굴 없는 눈Les Yeux sans Visage〉, 〈쥐덱스Judex〉 등)을 만들었고, 뤼미에르 형제는 어떤 순간에는 일종의 초현실주의적 양식으로 나아가기도 했죠. 이 두 가지 창작 경향과 관련해 두 분은 어디에 위치한다고 보시는지요?

LD 초현실주의, 꿈, 판타지 장르와는 거리가 아주 멉니다. 그건 저희의 세계가 아니에요. 저는 그런 것에 전혀 관심을 가져본 적이 없었고, 지금도 흥미를 못 느낍니다. 제 형도 마찬가지이고요. 저희가 추구하는 리얼리즘은 거창한 것이 아닙니다. 사물들, 헤어스타일, 옷, 신체에 관심을 갖는 것이죠. 저희는 미니멀리스트입니다. 〈로제타〉를 찍을 때 디테일에 아주 가깝게 다가가 촬영하다가 디테일에 너무 집중한 나머지 판타지적인 느낌을 주었지만 말이죠. 저희가 사물들에 집착하는 것은 사실이고, 스크린 밖의 삶에서 경험하는 현실 세계와 완전히 똑같지는 않은 세계를 보여주는 것도 사실입니다. 저희 영화에는 설명되지 않는 것들, 설명하지 않는 게 더 좋은 것들이 있죠. 작가는 자기 집의 주인이 아니며 집의 모든 방을 다 알지는 못합니다. 그것은 아주 좋은 일이죠. 바로 이 부분이 저희가 영화에서 흥미를 느끼는 점입니다. 조금 다르긴 하지만, 로베르 브레송 스타일의 사실주의적 영화들에서처럼 말이죠. 더 판타지적인 영화들이 존재하겠지만, 그런 것에

다르덴 형제

는 별로 흥미를 느끼지 못합니다…….

장 피에르 감독님, 동의하시나요?

JPD 네, 뤽이 "형을 대신해 대답할 수 있어요"라고 말했듯이, 전적으로요…….

두 분의 영화가 처음 영화계에 등장했을 때, 사람들은 네오리얼리즘의 계보를 잇는 영화가 나왔다고 보았습니다. 하지만 제가 놀랐던 점은 두 분의 영화가 네오리얼리즘 계열의 영화가 전혀 아니라는 것이었습니다. 예를 들어, 가장 순수한 형태의 네오리얼리즘 걸작은 체사레 자바티니가 각본을 쓰고 비토리오 데 시카가 감독한 〈움베르토 D.Umberto D.〉라고 할 수 있습니다. 그런데 그 영화는 완전히 탈脫드라마화되어 있죠—훌륭하고 위대한 영화입니다. 드라마가 전혀 없으면서도요. 두 분의 영화에서 인상적인 점은 현실에 대한 성찰이 매우 깊으면서도, 동시에 사건으로 가득 차 있다는 것입니다. 어떻게 보면, '멜로드라마'로 취급될 수 있을 정도죠. 아무튼 멜로드라마는 아니지만 죽음, 폭행, 싸움이 있습니다. 게다가 뤽 감독님은 저서에서 많은 것을, 특히 할리우드 영화를 좋아한다고 말합니다. 프리츠 랑의 〈빅 히트The Big Heat〉와 갱스터영화들에 대해서도 이야기하시죠. 따라서 정말 흥미로운 것은, 두 분의 영화에서 일상의 연대기적 차원과 영화에 추가되는 드라마적 차원이 잘 결합되어 있다는 사실입니다.

LD 저희의 모든 인물은 무언가의 포로이며 갇힌 사람들입니다. 그래서 그들이 탈출구를 찾기 위해 노력하는 모습을 최대한 극적으로 묘사하죠. 탈출구를 찾는 것은 쉽지 않은 일입니다. 탈출구를 찾는 것은 대개 누군가를 찾는 일이기 때문입니다. 누군가에게 마음을 열고, 누군가를 사랑하고, 누군가와 친구가 되는 것이죠. 마침내, 누군가와 함께 있는 것이 혼자 있는 것보다 낫다는 것을 발견하는 일입니다. 모든 극화劇化, 그러니까 등장인물들이 겪는 일과 그들이 맞서 싸우는 방식은 사회적일 수도 있고 경제적 혹은 정신적일 수도 있는 최초의 감옥에서 그들을 해방시키기 위해 고안되었습니다.

〈약속〉에는 받아들일 수 없는 것을 받아들이라고 강요하는 아버지와 헤어지는 소년의 이야기가 등장하는데, 영화에서 가장 중요한 부분은 소년이 아버지의 요구를 받아들이지 않도록 만드는 것이었습니다. 그것이 바로 영화감독으로서 저희의 생각이었고, 그래서 저희는 그가 아버지에게서 벗어나 달아나도록 이끌었죠. 요컨대 핵심은, 여러분이 관객으로서 어떤 순간에 '그래, 이제 의식이 생겼구나. 그가 변하고 있고, 결심했구나……'라고 생각할 수 있는 여정을 만들어내지 않는 것입니다. 절대로 그의 시선을 촬영해서는 안 되고, 그가 변화하고 있는 모습을 보여주어서

다르덴 형제

도 안 됩니다. 그의 행동이, 즉 그가 움직이고 걷고 돌아서는 방식이나 그가 행하는 몸짓, 그가 물건들을 쥐는 동작이 관객으로 하여금 그의 의식이 움직이고 있다는 것을, 말하자면 그의 머릿속에서 무언가가 움직이고 있다는 것을 알아차리도록 해야 합니다. 그런 이유로 저희는 그의 얼굴을 정면에서 촬영하지 않으려 노력했고, 그의 눈빛에서 앞으로 다가올 일, 일어날 일, 그의 변심, 그의 정신적 변화, 그가 아버지와 헤어지려 하고 아버지를 배신하려 한다는 사실이 읽히지 않도록 노력했습니다. 영화를 만들면서 의문이 들 때마다 '조심해, 관객이 인물의 생각을 읽게 해서는 안 돼'라고 다짐하곤 했어요. 관객이 등장인물을 보며 무언가를 추측하는 건 괜찮지만, "그래, 지금 인물이 이걸 하고 있구나"라고 말할 수 있으면 안 되는 거죠.

장 피에르 감독님, 이 질문으로 다시 돌아올게요. 감독님의 동생은 자신의 저서에서 감독님이 새로운 영화 프로젝트를 구상할 때마다 라신을 다시 읽는다고 말합니다. 그래서 감독님의 취향에 대한 질문을 다시 드려봅니다. 어떤 면에서는 엄격한 리얼리즘과는 거리가 있다고 할 수 있는 비극, 즉 가능한 최소한의 사건만을 다루는 연대기와 차이가 있는 비극에 대한 감독님의 취향 말이죠. 그 때문에 두 분의 영화를 비방하는 사람들도 있었습니다. 강렬함과 사건, 갈등을 추

구하고 에너지와 갈등으로 가득 찬 두 분의 영화를 이해하지 못하는 사람들이었죠. 덧붙여, 뤽 감독님의 책에는 이런 재미있는 문장 하나가 있습니다. "모든 비극은 다음과 같은 통속적인 한 문구로 수렴되는 것처럼 보인다. '두 사람을 위한 자리는 없다.'"

JPD 영화는 등장인물에 의해 돌아가는 걸까요? 아니면 단순하게 말해, 등장인물은 자신을 억압하다가 어느 순간 움직이게 하는 극적인 상황의 꼭두각시일까요? 저희가 만들고자 하는 것은 여전히 인물들의 영화이지만, 극화된 상황에서 스스로 모습을 드러내는 인물들의 영화입니다. 이를 위해, 예를 들어 저희는 관객에게 이 허구의 인물들이 약간은 다큐멘터리 속 인물 같다는 느낌을 주려 합니다. 그들에게 사람의 위상을 부여하려 노력하죠. 또한 그들이 겪고 있는 상황이 그들이 다루는 온갖 사물들의 현존에서 비롯되는 것이지, 그들이 내리는 결정에서 비롯되는 것이 아니라는 느낌도 주려 합니다. 이 때문에, 저희는 사물들과 자질구레한 물건들에 항상 중요한 가치를 부여하죠.

LD 말씀하신 표현을 다시 사용하자면, '강렬함intensité'입니다. 저희가 만들고자 하는 것은 바로 강렬한 리얼리즘인 것 같아요. 저희가 생각하는 강렬함이란, 스크린에서 일어나는 일이 관객에게로 들어오고 관객이 스크린의 몸체 속으로 들어가는 것을 말합니다. 어떤 내적인 관계가

다르덴 형제

존재하는 것이죠. 이런 내적인 관계는 등장인물과의 관계에서뿐 아니라 극적인 상황이나 갈등 상황에서도 찾을 수 있습니다. 하지만 갈등이 스토리의 너무 많은 부분을 담당하지 않도록 해야 합니다. 그래서 저희는 자주 다짐하죠. '조심해, 너무 많은 이야기를 발설해서는 안 돼. 이야기를 너무 많이 하고 있어. 다시 이야기를 더 적게 하도록 해봐.' 저희는 항상 두 경향 사이에 있습니다. 이야기를 하고 싶어 하면서도, 동시에 "조심해, 인물이 사라지고 있어"라고 말하죠……. 때때로 저는 대부분의 영화가 얼굴과 눈 같은 인간의 신체에, 물리적 현존에 주목하면서도, 삶에서와 마찬가지로 신체가 사라지도록 내버려둔다는 느낌을, 즉 신체가 살아 있다는 인상을 충분히 주고 있지 못하다는 느낌을 받습니다. 어쩌면 그것은 우리가 이 신체의 사라짐에 사로잡혀 있기 때문일 수도 있죠.

두 분은 매우 엄격한 제작 방식을 고수하지만, 동시에 어떤 면에서는 앙리 카르티에 브레송처럼 어떤 '결정적 순간moment décisif**'*을**

---

* 1954년에 발표한 앙리 카르티에 브레송의 사진집 제목이자 그의 사진 미학을 함축하는 용어. 결정적 순간이란, 눈 깜짝할 찰나에 어떤 사실의 의미와 형태의 조화를 동시에 인식하는 것으로 오랜 명상과 뛰어난 통찰력, 순간적 판단이 결합되어야 가능하다.

포착하려 합니다. 갑자기 어떤 일이 일어났을 때 카메라가 그것을 곧바로 포착할 수 있도록 말이죠. 뤽 감독님의 저서 『우리 이미지들의 뒷면』에서 매우 흥미로운 점은 시나리오의 중요성을 강조하는 부분입니다. 두 분의 영화는 어떤 자연스러움 혹은 포획된 실재가 스스로를 드러내는 영화라 시나리오는 부차적인 것으로 간주되는 듯 보일 수 있거든요. 감독님의 저서에는, 시나리오를 위해 엄청난 양의 작업이 행해지고 시나리오에 대한 검토와 재작업이 반복되는 점이 잘 나타나 있습니다. 한때 누벨바그 영화들이 아무것도 준비하지 않은 채 거리로 나가 즉흥적으로 영화를 만들자고 주장하기도 했지만, 모든 프랑스 영화감독들은 시나리오의 중요성을 인정합니다. 그리고 시나리오의 중요성은 두 분이 다른 방식으로 추구하고 있는 것과 충돌하지도 않죠. 그럼에도 불구하고 이렇게 생각하신 순간들이 있었나요? '시나리오 쓰는 데 진절머리가 난다. 다른 방식으로 만들어볼까?'

LD 뜻밖의 놀라움을 창출하기 위해, 영화가 현재를 다루고 있고 인물들도 현재에 속해 있다는 느낌을 주기 위해 구성하고, 구성하고, 구성하기. 형이 이미 말했듯이, 저희는 카메라가 관객에게 저희가 무언가를 만들고 있다는 느낌을 주지 않도록, 즉 저희가 카메라 앞에서 펼쳐지는 장면을 촬영하고 있다는 느낌을 주지 않도록 노력합니다. 카메라가 좋은 위치보다는 나쁜 위치에 있도록 노력하죠. 나쁜 위치를 찾는 것은 쉽지 않지만, 그렇다고 좋은 위치를 찾는 것이 더 쉬운 일도 아닙니다. 가령 카메라가 늦을 경우, 카메라는 인물의 행동을 예측할 수 없습니다. 인물이 알아서 카메라맨에게 자신이 무엇을 할지 알려주지 않는다면 말이죠. 예를 들어, 인물이 문을 열려고 하고 카메라가 오른쪽 뒤에서 따라갈 때, 그가 문을 연다는 것을 안다면 카메라는 보통 속도를 늦출 겁니다. 하지만 저희는 속도를 늦추지 않았습니다. 바로 영화 〈로제타〉의 초반이 이런 식으로 만들어졌죠. 로제타가 문들을 열고 뒤로 소리 나게 닫는 장면에서 카메라맨은 문에 부딪히지 않도록 조심해야 했지만, 저희는 멈추지 말고 계속 따라가도록 했습니다. 그 결과, 그녀가 저희를 뒤로 던지는 듯한, 관객이 신체적으로 뒤로 던져지는 듯한 장면이 만들어졌죠. 저희가 보여주려 했던 것은 그녀가 정말로 닫혀 있고 모든 것에 반대하며 심지어 사장과 직장 동료를 때리기까지 한다는 점이었기 때문입니다. 저희는 바로 이 잘못 위치한 카메라를 통해 신체적 폭력성을 보여주고자 했습니다.

장 피에르 감독님은 어떤 생각이신가요?

JPD 시나리오 구성에 대해 말씀하신 내용을 이어가면, 저희가 구성에서 아주 작은 디테일에도 신경을 쓰는 것은 사람들이 이런 순간들, 이런 품격의 순간과 은총—너무 거창한 단어일수도 있겠지만—의 순간들을 상상할 수 있도록 만들려는 저희만의 방식입니다. 배우들과 함께하는 작업도 마찬가지라고 할 수 있습니다. 실제로 저희는 배우들과 많은 작업을 하고, 촬영 전 4~5주 동안은 리허설을 하며 함께 많은 시간을 보내면서, 기술 팀이 도착해 촬영을 시작하기 전까지 수없이 연습합니다. 그리고 마침내 배우는 약간 자동적—이 단어를 사용해도 된다면 사용하겠습니다—이 되어 스스로를 버리고 카메라가 자신을 포획하도록 내버려두게 되죠. 이때 관객은 어떤 느낌을 갖게 되는데, 이것은 단순한 느낌이 아니라 자신이 거기에 있다는 느낌, 눈앞에 있는 인간의 현존에 공감할 수 있다는 느낌입니다. 가끔씩 사람들이 저희 영화를 보며 생각할 수 있는 것과 반대로, 이것은 전혀 즉흥 작업이 아니죠. 물론 일부 사람들이 저희에게 '두 분의 영화에는 즉흥 작업이 많지 않느냐'고 질문하는 것도 뜻밖의 일은 아니라고 생각합니다. 하지만 아니에요, 저희는 즉흥 작업을 전혀 하지 않습니다.

〈약속〉 이후 두 분이 채택한 방식의 특별한 점은 이야기의 연속성에 따라 촬영한다는 점입니다. 거의 대부분의 경우처럼 장소에 따라 촬영하는 것이 아니라, 시나리오의 전개 상황에 따라 촬영을 진행

하는 방식인데요, 그렇게 하시는 이유는 무엇일까요?

LD 나쁜 제약들도 있겠지만, 이 제약은 생산적이고 좋은 제약입니다. 저희는 촬영 첫날, 영화 첫 장면의 첫 번째 숏을 촬영합니다. 이것은 저희가 40번 신을 1번 신의 장소에서 촬영할 경우, 3주 동안 다른 곳에서 촬영하다가 다시 그 세트로 돌아온다는 것을 의미하죠. 일반적으로 영화제작자는 "모든 장면을 같은 장소에서 촬영하는 게 비용이 덜 든다"라고 말할 겁니다. 그런데 프랑스의 제작자인 드니 프레이와 저희가 저희 영화의 제작을 공동으로 담당하고 있지만, 연속성에 따라 촬영할 것인지 아닌지를 결정하는 것은 바로 저희라는 것을 말씀드리고 싶습니다. 연속성에 따른 촬영에서 저희가 얻을 수 있는 것은 무엇일까요? 미리 리허설을 했음에도 불구하고, 이미 촬영할 장소에서 시나리오에 따라 카메라를 들고 연기를 시켜보며 몇 번이고 반복해서 검토했음에도 불구하고…… 저희는 촬영하면서 무언가를 새롭게 발견하게 됩니다. 인물의 변화 과정을 쫓아가다 보면, 연속성에 따른 촬영이 저희로 하여금 무언가를 발견하게 해준다는 것을 깨닫게 되죠. 영화 촬영이 끝날 무렵, 저희는 시나리오와 비교하며 무언가를 바꿨다는 것을 확인하게 됩니다. 그러고는 이렇게 되뇌죠. "봐봐, 결국엔 그렇게 흘러가지 않았네." 예를 들어, 45번 신을 10번 신의 장소에서 촬영하다가 무언가를 더하게 되면 '아, 이건 10번 신에서도 있었어야 하는데……' 하고 생각하게 되고, 결국 10번 신을 다시 찍는 경우가 여러 번 발생합니다. 그래서 장소들을 정비한 대로 두어야 합니다. 처음부터 완전히 다시 시작하지 않기 위해, 모든 조명까지는 아니지만 구조물 정도는 그대로 두어야 하죠. 그 때문에 장소들을 대여해야 합니다. 저희는 확실하게 하기 위해 영화 작업이 끝날 때까지 모든 장소를 대여합니다. "이곳에 다시 돌아와 촬영할 수 있고, 심지어 편집을 시작하고도 몇 주 후에 올 수도 있어"라고 말하면서 말이죠.

요컨대, 저희는 스스로에게 변화를 줄 수 있는 권리를 부여하고 영화를 여러 번 재작업하는데, 배우들도 이를 좋아합니다. 예를 들어, 마리옹 코티야르는 "내가 진화하고 있고 움직이고 있다고 느낄 수 있어서, 촬영하는 동안 내가 달라졌다고 느낄 수 있어서 좋아요"라고 말한 적이 있죠. 배우가 현실의 무언가를 경험하고 있음을 의미하는 것이라, 저희에게는 항상 좋은 일입니다. 배우가 영화 속 인물이 아니라는 것은 알고 있지만, 그 경계가 아주 견고하다고도 할 수 없죠.

장 피에르 감독님, 실제 장소에서만 촬영하시나요, 아니면 인공적인 세트도 일정 부분 사용하시나요?

JPD 일단 스튜디오 작업은 없고, 원래 존재하지 않는 공간을 카메라의 필요에 따라 만드는 일도 없습니다. 저희는 이미 존재해왔고 거의 변경되지 않은 장소들에서 촬영합니다. 하지만 뤽과 저는 가끔씩 세트디자이너에게 방해물 같은 것을 만들어달라고 요청할 필요성을 느낍니다. 이건 부수적인 변경에 해당하죠. 〈아들〉을 제외한 다른 영화들에서는 몇몇 장소를 허물기도 했습니다. 〈자전거 탄 소년〉에서 사만다의 미용실은 오래된 약국이었는데, 그전부터 있던 레스토랑을 약국으로 개조한 것이었죠. 저희는 세실드 프랑스를 '웨이스트 숏'으로만 촬영한다는 비난을 받고 싶지 않았기 때문에 카메라를 뒤로 조금 물러나게 해야 했습니다. 실제로 항상 같은 초점 거리로 작업하고 짧은 초점 거리로는 절대 작업하지 않아서, 그녀로부터 조금 더 멀리 떨어져야 했죠. 저희는 미용실 안에서 돌아다닐 수 있길 원했고 또 뒤로 물러서서 촬영할 필요도 있었기 때문에, 결국 벽이 사라지게 되었습니다.

LD 그 영화에서 아이의 아빠가 일하는 레스토랑의 벽도 만들었습니다. 드라마적인 것을 위해, 즉 시나리오에서 하고 싶었던 것처럼 아빠가 아이를 알아보는 것을 지연시키기 위해 벽을 만든 거죠. 영화의 장소는 저희가 인물들을 통해 표현하고자 하는 것과 일치해야 합니다.

두 분은 촬영 작업과 촬영 준비 작업을 어떻게 나누어 하시나요? 각자 전문 분야가 있나요? 어떻게 일하시는지요?

JPD 영화 프로젝트를 구상하는 동안 동생과 저는 많은 이야기를 나눕니다. 그러다 보면 어느 순간 영화의 구조가 자리를 잡게 되죠. 그런 다음 동생은 시나리오 작업을 하러 가고, 저는 일이 진행되기를 기다립니다. 시나리오의 첫 번째 버전이 나오면 여러 버전이 나올 때까지 함께 수정 작업을 합니다. 그리고 촬영 장소를 물색하기 시작하죠. 이때부터는 저희 둘이 한 사람이 된다고 할 수 있습니다. 배우들이 정해지고, 배우들과 작업을 진행하다 보면 그들도 저희 둘을 한 사람으로 보는 데 익숙해져요. 어느 순간부터 그들에게 저희는 두 사람이 아닌 한 사람의 대화 파트너가 되는 거죠. 그리고 기술 팀 전체가 현장에 있을 때는 원활한 진행을 위해 한 명은 배우들 및 기술 팀과 함께 촬영 현장에 남아 앞으로 할 일을 설명하고 다른 한 명은 뒤로 물러나 카메라에 연결된 비디오모니터를 검토합니다. 두세 명이 할 때보다는 비용이 좀 더 드는 작업이기 때문에, 촬영하는 시간 동안 일을 최대한 빨리 진전시

다르덴 형제

키기 위해 배우들과의 리허설이 끝나는 대로 그런 방식을 택하는 거죠. 그런 다음, 서로 자리를 바꾸기도 합니다.

LD 때때로 장소가 너무 비좁아서 저희가 촬영장을 떠나야 할 때도 있습니다……

JPD 동생과 제가 어떤 장면을 촬영하기로 합의하면, "좋아, 그 장면에서는 네가 대화 파트너를 맡아"라고 말하고 적어도 그 약속은 지키려 노력합니다. 그렇지 않으면 모두를 혼란스럽게 만들기 때문이죠. 물론 배우들과는 그런 걱정을 할 필요가 없습니다.

지금까지 캐스팅과 촬영에 대해 이야기를 나눴는데요. 두 분의 영화에서 편집은 실제 글쓰기 단계처럼 이루어지나요? 어떻게 진행되고 또 어떻게 준비하시는지요?

JPD 편집실에서 저희는 저희 영화의 편집기사인 마리엘렌 도조Marie-Hélène Dozo와 함께 작업합니다. 실질적으로 촬영 중반 즈음에 편집기사가, 이렇게 표현해도 된다면 '액션'에 돌입하죠. 그녀는 매일 쌓이는 자료를 보면서 저희가 '곰'이라고 부르는 것, 즉 저희가 촬영한 숏들이 기반이 되는 스토리의 연속체를 준비합니다. 가장 최근에 저희가 만든 영화에서는 상대적으로 쉬웠습니다. 보통 촬영이 끝나면 일주일 정도 휴식을 취한 다음, 〈약속〉부터 모든 영화를 함께 작업해온 공동 작업자인 그녀와 함께 일을 시작하죠. 그녀는 "여기 '곰'이 있는데, 어떤 지점에서 내가 뭔가를 시도해봤어요. 보시면 아실 테니 아무 말 안 할게요"라고 말하곤 합니다. 전체를 한번 다 본 후에 저희의 기분이 좋은지 나쁜지에 따라 작업이 달라지죠. 때때로 10분에서 15분 사이의 지점에서 시나리오의 일부를 바꾸는 경우도 있을 수 있기 때문에, 편집은 꽤 빠르게 진행됩니다. 〈내일을 위한 시간〉은 약간 복잡했어요. 산드라가 행하는 만남에 따라, 그리고 그녀 혹은 남편이 규칙적으로 계산하는 득표수에 따라 이야기가 진전되고 서스펜스가 조성되었기 때문이죠. 즉 그들이 말하는 내용은 저희가 이미 보거나 들은 만남을 기반으로 해야 했습니다. 따라서 시나리오의 일부를 바꾸는 것이 자유롭지 않았고, 그냥 장면의 절반을 삭제하는 것에 만족했던 것 같습니다. 편집할 때 저희는 숏들에 리듬을 부여하기 위해, 그것들이 잘 이어지는지를 알기 위해, 사운드만 상당히 빠르게 살펴봅니다. 저희는 필요할 경우 신속히 사운드를 추가하는데, 〈약속〉 이후로 사운드를 덧붙이는 작업만 하고 있다고도 할 수 있습니다. 왜냐하면 "늘어지네"라고 말하게 되는 장면들, 저희가 연출했다고 생각했던 긴장감이 제대로 나타나지 않는 장면들이 있기 마련이기 때문이죠. 〈약속〉의 마지막 기차역 장면에서 기차 소리를 추가하자, 즉 잘 들리지 않던 기차 소리를 증폭시키자 긴장감이 표현되기 시작했습니다. 그 덕분에 두 인물 사이에 존재하던 긴장감도 증폭될 수 있었고요. 저희가 무조건 '사운드 편집을 해보면 잘 알게 될 거야'라고 생각하는 것은 아닙니다. 그 소리가 효과가 있는지 확인하고 싶은 것뿐이죠. 또한 저희는 영화감독이기 때문에 여러 가지를 시험해봐야 하는 이유도 있습니다. 저희가 조금 부지런한 편이거든요. 사운드가 필요하지 않은 사람들도 있지만, 저희는—항상 그렇지는 않지만—자주 저희의 방식에 따라 많은 것을 시험해보고 싶어 합니다.

이제는 경력이 많이 쌓여서 영화를 만들 때 더 편하신가요, 아니면 오래전 신인 감독 때와 비교해도 여전히 일이 많으신가요?

LD 물론 상황이 달라지긴 했습니다. 하지만 좋은 남자 배우나 여자 배우를 제대로 잘 선택했는지 아닌지 불안해하는 마음은 처음과 마찬가지로 늘 똑같습니다. 촬영 시작한 지 며칠 지나서야 '그래, 잘 선택했어' 하고 안심하게 되죠. 때로는 생각보다 그 배우를 과대평가했다는 사실을 깨닫기도 합니다. 영화 스토리의 경우도 마찬가지예요. 첫 번째 독자들에게 처음 시나리오를 공개했을 때와 늘 마찬가지의 기분입니다. 저희는 항상 똑같습니다. 저희가 너무 조바심을 내는 건지 모르겠지만, 형이 말했듯이 편집처럼 물질적인 작업도 해내야 하죠. 편집할 때 저희는 무언가를 시험해봐야 하고 리듬을 위해 사운드도 맞춰봐야 합니다. 정말로 여러 가지 것들을 시험해봐야 하죠. 음악도 마찬가지입니다. 28초짜리, 22초짜리⋯⋯. 수없이 시도해봐야 합니다. 시험하고, 시험하고, 시험하죠. 열 편의 영화를 더 찍고 나서 "이 정도면 괜찮네"라고 말하며 좀 더 편안함을 느낄 수 있을지 잘 모르겠습니다⋯⋯. 그래도 저희가 좋은 영화를 만들고 있다고 확신하는 일은 결코 없을 거예요⋯⋯.

다르덴 형제

카메라를 들고 있는 다르덴 형제의 모습

〈로제타〉를 처음 봤을 때의 충격을 기억한다. 거대한 스크린 속으로 돌진하는 신체, 숨 가쁘게 뛰어다니는 카메라, 무표정한 잿빛 거리, 그리고 도시 구석에 버려진 야생동물 같은 인물들. 분노와 슬픔으로 일그러진 로제타의 얼굴만큼이나 일자리에 대한 그녀의 광적인 집착이 낯설었고, 생존을 위해 몸부림치는 그녀를 바싹 뒤쫓으면서도 결코 손을 내밀지 않는 감독의 차가운 태도가 놀라웠다. 그리고 이 모든 것이 선진사회라 여겼던 서구의 한 도시에서 일어나는 사실이라는 게 믿어지지 않았다. 그 후, 다르덴 형제의 이전 영화들을 찾아서 보았고 새로운 작품이 나올 때마다 극장의 어둠 속에 숨어 매번 두려움과 경건함이 뒤섞인 감정으로 관람했다. 최근 작 〈토리와 로키타〉를 보고 나오는 길에는 문득 이런 생각도 들었다. 다르덴 형제의 영화가 없었으면 어떻게 되었을까? 21세기의 영화는 어디로 흘러가 있고, 영화를 바라보는 나의 시선은 어디서 맴돌고 있을까?

도시의 몰락과 인간의 위기

다르덴 형제의 거의 모든 영화는 '세랭'이라는 벨기에의 한 작은 도시를 배경으로 펼쳐진다. 로마시대부터 존재해온 유서 깊은 고도古都이기도 한 세랭은 오랫동안 지역 산업의 중심지 역할을 하며 번성했으나, 1970년대에 불어닥친 경제위기로 급격히 쇠퇴하면서 실업자와 노숙자, 부랑자가 모여드는 도시로 전락한다. 이곳에서 태어나고 자란 다르덴 형제는 자신들이 직접 목격했던 도시의 몰락과 황폐화를 영화를 통해 증언한다. 도시의 쇠락 과정에서 불가피하게 발생하는 인간성의 마모와 온갖 유형의 비인간적 행태들을 매 영화마다 생생히 구현해오고 있는 것이다. 해고와 실직이 일상이 되어버린 세계, 소매치기와 성매매, 심지어 살인까지도 삶의 일부가 되어버린 세계에서 인간에게 남겨진 일은 무엇인지, 가능한 저항은 무엇인지 진지하게 묻고 또 묻는다.

다르덴 형제의 영화에서는 점점 더 여성 캐릭터가 중심인물 역할을 맡고 있다. 그것은 〈로제타〉부터 예견된 일이었고, 폭력적으로 변해가는 현대사회에서 상대적으로 더 많은 위험과 불합리에 노출될 수밖에 없는 여성의 입장을 고려할 때 당연한 수순이기도 했다. 그런데 다르덴 형제 영화의 기원으로 거슬러 올라가 주의 깊게 살펴보아야 할 또 한 명의 인물이 있다. 바로 영화 〈약속〉의 주인공인 소년 '이고르'다. 주지하다시피 〈약속〉은 다르덴 형제의 시네마가 시작된 출발점 같은 영화이며, 다르덴 형제는 또 다른 사회적약자인 불우한 가정환경 속 소년을 그들의 영화적 우주의 첫 번째 주인공으로 삼았다. 이고르는 갖은 비리로 사익을 취하는 아버지로 인해 불법과 범죄에 익숙해져 있지만, 어느 시점부터 그런 아버지로부터 달아나고자 하며 아버지 때문에 희생된 한 불법 이민자 가족을 도우려 한다. 그 후, 이고르는 어떻게 되었을까? 아버지로부터 벗어나 그가 살아간 삶의 궤적은 어떤 모습일까?

다르덴 형제는 간접적인 방식으로 그의 성장과정을 보여준다. 그들의 영화에 이고르라는 이름의 캐릭터는 더 이상 등장하지 않지만, 이고르 역을 맡았던, 어쩌면 이고르 그 자체였던 배우 제레미 레니에에게 주기적으로 배역을 맡기면서 그가 살았을 삶의 모습을 형상화하는 것이다. 자신의 행동이 불법인지 아닌지도 몰랐던 소년은 몇 년이 지난 후 온갖 비행을 일삼고 심지어 자신이 낳은 아기까지 밀매하는 십대 후반의 청소년이 되어 있었다(《더 차일드》). 또 청년이 되어서는 마약에 찌들어 극한의 고통과 고독 사이를 오가며(《로나의 침묵》), 삼십대에 들어서는 새 삶을 위해 자신의 어린 아들을 거부하는 무책임하고 비정한 아버지가 되어 있다(《자전거 탄 소년》). 로제타와 마찬가지로 도시 주변을 떠돌며 방황하던 한 소년은 청소년기를 거쳐 청년과 중년이 되어도 여전히 사회의 주변부에 머물면서 주어진 삶을 간신히 이어가고 있는 것이다.

악수가 있는 영화

다르덴 형제의 영화는 종종 로베르 브레송의 영화와 비교된다. 정작 당사자들은 그러한 비교를 달가워하지 않지만, 리얼리즘 형식에 내면의 탐구를 결합시키는 스타일이나 영화 심층에 도덕적 갈등과 영성적 테마를 새겨 넣는 양식, 철저한 반복과 투사를 통해 배우를 인물 자체로 변모시키는 방식 등은 그들 영화에 미친 브레송의 영향에 대해 충분히 숙고할 여지를 남긴다. 아울러 다르덴 형제는 브레송이 영화를 만들며 서서히 확신하게 된 진실, 즉 '신의 부재'와 '구원의 불가능성'이라는 진실을 처음부터 불변의 전제로 상정하고 영화를 만든다. 영화 속 많은 인물들이 자신도 모르게 저지른 잘못을 뉘우치고 속죄나 반성의 행동을 취하지만, 결코 구원을 희망하는 것은 아니다. 그들이 원하는 것은 그저 '내면의 전쟁'에서 벗어나는 것, 자본을 제외한 모든 가치가 무너진 세상에서 연대와 관계의 힘을 믿으며 단순한 생존보다는 조금 더 나은 삶을 찾는 것뿐이다. 이 책에서 뤽 다르덴이 밝히는 것처럼, '신과 함께 죽어버린 인간관계들을 재창조하는 것'이야말로 다르덴 형제가 소망하는 "악수가 있는 영화"의 궁극적인 목표다.

그렇다고 해서 다르덴 형제의 영화가 시종일관 무겁고 심각한 분위기 속에서 진행되는 것은 아니다. 오히려 그들의 영화에는 항상 서스펜스와 스릴, 갈등과 대치, 숨 막히는 추격전이 있다. 인터뷰 진행자인 미셸 시망의 언급처럼, 이들의 영화가 지닌 가장 중요한 덕목 중 하나는 결코 양립할 수 없다고 간주되었던 네오리얼리즘적 전통과 할리우드 스릴러영화의 전통을 완벽하게 결합시킨 데 있다. 당대의 사회문제에 대한 예리한 관찰과 현대사회에 대한 심오한 통찰을 지루하지 않게, 아니 쉴 새 없이 이어지는 긴장과 대치를 통해 흥미진진하게 전달하는 능력이야말로 그들만의 가장 변별적인 특징이다. 나아가, 다른 사회파 영화들과 달리 다르덴 형제의 영화는 등장인물을 결코 담론의 전달자로, 즉 사회문제에 대한 비평가나 고발자로 삼지 않는다. 그들의 영화는 결코 "논증하지도 않고 주장하지도 않지만", 인물의 행동을 통해 그리고 인물이 주변의 사물이나 환경과 맺고 있는 관계를 통해 사회의 다양한 문제를 환기시키고 관객으로 하여금 자신이 살고 있는 현실에 대해 보다 깊이 성찰하도록 이끈다.

네 개의 눈을 가진 한 사람

다르덴 형제를 가리키는 가장 유명한 표현 중 하나가 "네 개의 눈을 가진 한 사람"이다. 영화를 만들 때마다 당연히 크고 작은 의견 차이가 발생하겠지만, 그것은 한 사람에게서 일어나는 고민이나 내적 갈등으로 봐도 무방할 만큼 자연스러워 보인다. 서문을 쓴 뱅상 로위의 표현처럼, 그들은 "근본적으로 하나의 인격, 하나의 예술가, 하나의 개인을 형성"하고 있으며 "두 사람 사이의 놀라운 동질성"은 이 책에 실린 인터뷰들에서도 잘 드러난다. 두 사람은 대화 내내 끊임없이 서로의 견해와 관점을 부연하고 보충하며, 마치 한 명의 감독이 호흡을 조절하면서 자신의 의견을 하나하나 피력하는 듯한 인상을 준다.

한편, 두 사람이자 한 사람으로서 이들은 매 작품마다 부단히 변신을 시도한다. 장 피에르 다르덴이 말하듯 거시적 관점에서 이들의 영화는 거대한 하나의 계열 혹은 우주를 형성하고 있지만, 매 영화마다 형식적 차원이나 주제적 차원에서 다양한 변화를 실험한다. 인물의 등 뒤에 달라붙던 카메라 양식에서 멀리 거리를 두거나 평행으로 달리는 카메라 양식으로 전환하고, 슈퍼 16밀리미터에서 35밀리미터로 영화필름을 바꾸며, 흔들리는 카메라 대신 유려한 움직임의 시퀀스숏으로 영화의 리듬을 만들어내는 시도가 그렇다. 또, 동시대 사회에 주목하면서도 매번 다른 소재와 사건을 찾아내 다루고, 매번 관점을 조금씩 달리하며 새로운 각도에서 현실을 바라보려는 태도도 그렇다. 특히 최근작 〈토리와 로키타〉에서는 그동안 주를 이루던 '속죄'의 테마에서 완전히 벗어나, 아무런 잘못도 저지르지 않은 한 아프리카계 소녀가 허망한 죽음에 이르는 과정을 보여주면서 현대 서구 사회의 모순과 불합리에 대해 더욱 직접적으로 질문하는 일면을 보여주기도 한다.

이 책은 2005년부터 2014년 사이 프랑스 라디오의 문화예술 채널인 '프랑스 퀼튀르'에서 미셸 시망과 다르덴 형제 사이에 이루어졌던 인터뷰들을 바탕으로 구성되었다. 저명한 영화평론가이자 작가인 미셸 시망은 문화예술 전반에 대한 날카로운 식견과 해박한 영화 지식을 바탕으로, 신중하기로 소문난 다르덴 형제로부터 풍요롭고 진솔한 대화를 이끌어낸다. 두 형제는 일말의 권위의식이나 자의식 없이 자신들의 영화에 대해 솔직하고 차분하게 이야기를 들려준다. 영화를 구상하는 단계에서부터 시나리오 집필과 촬영 장소 탐색, 배우들 캐스팅, 6주 이상의 리허설, 촬영과 후반 작업에 이르기까지 그들의 영화 작업에 대해 알고 싶은 모든 것을 소상하게, 친절히 알려준다. 또 영화라는 예술 장르에 대한 그들만의 고유한 견해와 관점도 이해하기 쉽게 찬찬히 설명해준다. 다르덴 형제의 영화를 사랑하는 팬들은 이 책을 읽는 동안 그들의 영화 세계에 두 발을 깊숙이 들여놓는 듯한, 그래서 영화 속 세랭의 거리 어딘가를 걷고 있는 듯한 느낌을 받을 수 있을 것이다. 또 다르덴 형제의 영화를 잘 모르는 독자들도 영화에 대한 그들의 남다른 태도가 다른 작품들과 분명하게 '다른' 영화, 오래된 영화계의 관습들을 단번에 무너뜨리는 작지만 특별한 영화를 만들어내는 요인으로 작동하는 것을 이해할 수 있을 것이다. 번역을 통해 다르덴 형제의 소중한 말들을 곱씹고 되새길 수 있는 기회를 준 마음산책과 꼼꼼하게 원고를 살피고 다듬어준 이동근 편집자에게 깊은 감사의 마음을 전한다.

2024년 4월

김호영

다르덴 형제 연보

1951년   4월 21일, 벨기에 리에주 지방 산업도시인 세랭의 앙지
스Engis에서 산업디자이너인 아버지 뤼시앵 다르덴과
어머니 마리조제 다르덴의 장남으로 장 피에르 다르덴
이 태어난다.

1954년   3월 10일, 앙지스의 이웃 마을인 아위르Awirs에서 뤼시
앵 다르덴과 마리조제 다르덴의 차남으로 뤽 다르덴이
태어난다.

1972년   벨기에 브뤼셀의 방송예술연구소Institut des Arts de Diffusion
에서 연극 과정을 이수한 장 피에르는 극작가이자 시인,
감독인 아르망 가티의 희곡 〈황새La Cigogne〉와 〈두루티
종대La Colonne Durruti〉에 배우로 출연한다. 아르망 가티
는 훗날 다르덴 형제의 중요한 예술적 롤 모델이 된다.

1973년   장 피에르는 아르망 가티의 조수가 된다. 루뱅대학교에
서 철학과 사회학을 공부하던 뤽은 형을 따라 아르망
가티와 일하게 된다.

1975년   아르망 가티의 영향으로 비디오 및 영상매체에 관심을 가
지게 된 장 피에르와 뤽은 영화 제작사인 데리브Dérives를
설립해 소규모 다큐멘터리영화에 자금을 조달한다.

1978년   장 피에르와 뤽은 비디오카메라로 벨기에 세랭의 현실

을 담아낸 다큐멘터리를 찍기 시작한다. 반反나치 저항 운동에 관한 다큐멘터리 〈나이팅게일의 노래Le Chant du rossignol〉를 만든다.

1979년   1960년 벨기에에서 있었던 노동운동을 회고한 다큐멘터리 〈레옹M의 보트가 처음으로 뫼즈강을 내려갈 때Lorsque le bateau de Léon M. descendit la Meuse pour la première fois〉를 만든다.

1981년   아르망 가티의 영화 〈우리는 모두 나무의 이름이었다Nous étions tous des noms d'arbres〉에서 장 피에르는 촬영감독으로, 뤽은 조감독으로 참여하면서 영화 현장을 경험한다.

1986년   르네 칼리스키Rene Kalisky의 연극을 각색하고 프랑수아 트뤼포의 시나리오작가 장 그뤼오Jean Gruault와 함께 집필한 영화 〈거짓Falsch〉을 통해 다큐멘터리가 아닌 픽션 형식을 처음 시도한다.

1992년   영화 〈당신을 생각해요Je pense à vous〉를 연출한다. 이 영화가 투입된 자본에 비해 큰 성과를 거두지 못하면서, 이후 장 피에르와 뤽은 소규모 예산을 들여 독립적으로 영화를 제작하는 시스템을 도입하게 된다.

1994년   영화제작사 레 필름 뒤 플뢰브Les Films du Fleuve를 설립

한다. 레 필름 뒤 플뢰브는 이후 제작된 다르덴 형제의 모든 영화뿐 아니라 자크 오디아르, 크리스티안 문쥬, 켄 로치 등의 영화제작에 참여한다.

1996년   영화 〈약속La Promesse〉을 연출한다. 〈약속〉을 통해 칸영화제 감독주간에 초청받아 비평가들의 호평을 받으며 전 세계 영화계에 처음 이름을 알린다.

1999년   영화 〈로제타〉를 연출한다. 이 영화로 칸영화제 황금종려상을 받으며 세계적인 각광을 받는다. 주연을 맡은 배우 에밀리 드켄은 칸영화제 여우주연상을 수상한다.

2000년   〈로제타〉가 큰 관심을 얻으면서 벨기에에서는 50인 이상 사업장 내 근로자의 3퍼센트를 청년 고용으로 의무화하는 이른바 '로제타 법'이 제정된다.

2002년   영화 〈아들〉을 연출한다. 영화의 주연을 맡은 배우 올리비에 구르메가 칸영화제에서 남우주연상을 수상한다. 〈아들〉은 이외에도 벨기에 겐트영화제 조셉 플라토상(최우수 작품상, 감독상), 샌프란시스코 영화비평가협회 최우수 외국어영화상 등을 수상한다.

2005년   영화 〈더 차일드〉를 연출한다. 이 영화로 두 번째 칸영화제 황금종려상을 수상한다. 이외에도 뤼미에르상, 벨기에 영화평론가협회 최우수 작품상을 수상한다. 벨기에왕국 훈장을 수여받는다. 뤽은 1991년부터 작성한 작업 일지와 영화 〈아들〉 〈더 차일드〉의 각본을 담은 책 『우리 이미지들의 뒷면Au dos de nos Images』을 출간한다. 『우리 이미지들의 뒷면』은 이후 2015년, 2023년에 각각 2권과 3권이 출간된다.

2008년   영화 〈로나의 침묵〉을 연출한다. 이 영화로 칸영화제 각본상을 수상한다. 이외에도 유럽의회가 수여하는 럭스상, 뤼미에르상을 수상한다.

2011년   영화 〈자전거 탄 소년〉을 연출한다. 이 영화로 칸영화제 심사위원대상을 수상한다. 이외에도 유럽영화상 각본상 등을 수상한다.

2012년   뤽은 〈자전거 탄 소년〉의 두 주인공 시릴과 사만다를 생각하며 쓴 철학적 에세이 『인간의 일에 대하여』를 출간한다.

2014년   영화 〈내일을 위한 시간〉을 연출한다. 이 영화로 뤼미에르상, 시드니영화제 작품상, 보스턴 영화비평가협회 최우수 외국어영화상 등을 수상한다. 주연을 맡은 배우 마리옹 코티야르는 유럽영화상 여우주연상을 수상한다.

다르덴 형제 연보

2016년   영화 〈언노운 걸〉을 연출한다.

2019년   영화 〈소년 아메드〉를 연출한다. 이 영화로 칸영화제 감
　　　　　독상을 수상한다.

2022년   영화 〈토리와 로키타〉를 연출한다. 칸영화제에서 최초
　　　　　로 75주년 특별기념상을 수상한다.

필모그래피

다큐멘터리영화

1978

나이팅게일의 노래 Le Chant du rossignol

감독 : 장 피에르 다르덴, 뤽 다르덴

내용 : 벨기에와 주변 지역에서 있었던 반反나치 저항운동에 대한 증언

형식 : 비디오 영화

카메라, 상영시간 : 흑백, 52분

기타 : 현재 필름은 소실됨

1979

레옹M의 보트가 처음으로 뫼즈강을 내려갈 때 Lorsque le bateau de Léon M. descendit la Meuse pour la première fois

감독 : 장 피에르 다르덴, 뤽 다르덴

내용 : 1960년 겨울 벨기에를 마비시켰던 파업에 대한 회고

자료 : 프랑스 뷔양, 왈롱 운동 역사 기금, 〈라 왈로니〉 신문

제작사 : 데리브

형식 : 비디오 영화

카메라, 상영시간 : 흑백, 38분

1980

전쟁을 끝내기 위해 벽은 무너져야 했다 Pour que la guerre s'achève, les murs devaient s'écrouler

감독 : 장 피에르 다르덴, 뤽 다르덴

내용 : 지하신문의 역사

촬영감독 : 뤼시앙 롱데

사운드 : 로베르 요리스

편집 : 프랑시스 갈로팽

자료 : 프랑스 뷔양

제작사 : 벨기에 텔레비전/비데오그라피, 데리브, 플뢰르 메그르, 쿱

형식 : 비디오 영화

카메라, 상영시간 : 컬러, 42분

1981

R…은 대답하지 않는다R… ne répond plus

필모그래피

감독 : 장 피에르 다르덴, 뤽 다르덴
내용 : 프랑스, 벨기에, 스위스, 이탈리아의 민영 라디오방송에 대한 앙케이트
촬영감독 : S. 가티, 장 피에르 다르덴
사운드 : 에디 뤼크스, 장 피에르 뒤레
편집 : 뤽 다르덴, 장 피에르 다르덴
자료 : 프랑스 뷔양
제작사 : 브뤼셀 시청각예술 센터, 메디아포름 프로덕션, 필름 데리브 프로덕션
형식 : 비디오 영화
카메라, 상영시간 : 컬러, 50분

1982
어느 임시 대학의 강의 Leçons d'une université volante

감독 : 장 피에르 다르덴, 뤽 다르덴
내용 : 다섯 명의 폴란드 출신 이민자들이 폴란드 계엄령 사태 당시 각자의 경험에 대해 이야기하는 증언
프로듀서 : 마르크 미농

촬영감독 : 장 피에르 다르덴
사운드 : 장 피에르 뒤레
편집 : 뤽 다르덴, 장 피에르 다르덴
자료 : 프랑스 뷔양
제작사 : 필름 데리브 프로덕션, 메디아포름 프로덕션, 브뤼셀 시청각예술 센터
형식 : 비디오 영화
카메라, 상영시간 : 컬러, 45분

1983
조나단을 보라, 장 루베의 작품 세계 Regarde Jonathan/Jean Louvet, son oeuvre

감독 : 장 피에르 다르덴, 뤽 다르덴
내용 : 벨기에 왈롱 지역 작가인 장 루베의 초상화
프로듀서 : 마르크 미농, 리자 니콜리
촬영감독 : 클로드 무리에라
카메라맨 : 장 피에르 다르덴
사운드 : 장 피에르 뒤레, 도미니크 와르니에

편집 : 기 수피, 뤽 다르덴, 장 피에르
다르덴

제작사 : 데리브, 왈로니 이마주 프로
덕션, 노텔레 투르내, 벨기에 텔레비
전 샤를르루아

형식 : 비디오 영화

카메라, 상영시간 : 컬러, 56분

극영화

1986

거짓Falsch

감독 : 장 피에르 다르덴, 뤽 다르덴

각본 : 장 피에르 다르덴, 뤽 다르덴

촬영감독 : 발터 반덴 엔데

카메라맨 : 이브 반더미렌

편집 : 드니즈 빈데보겔

사운드 : 도미니크 와르니에

음악 : 장마리 빌리, 얀 프란센

믹싱 : 제라르 루소

의상 : 콜레트 위샤르

세트 디자인 : 빔 베르메일렌

프로덕션 디자인 : 주느비에브 로비야
르

프로듀서 : 장 피에르 다르덴, 뤽 다르덴

진행 : 제라드 마레트

제작 : 마리안 드 백커

제작사 : 데리브 프로덕션, 벨기에 텔
레비전, 아르카날, 르 테아트르 드 라
플라스

캐스트 : 브뤼노 크레메(조), 자클린
볼랑(릴리), 크리스티앙 마이예(제이
콥), 베랑제르 도탱(레이철), 존 도브
리닌(게오르그), 니콜 콜샤(미나), 크
리스티앙 크라에(구스타브), 마리로
즈 롤랑(다니엘라), 프랑수아 시키비
(오스카), 지젤 우다르(나탈리아), 앙
드레 르나에르(루벤), 밀리 다르덴콩
페르(벨라), 장 말라마시(벤자민)

카메라, 상영시간 : 35mm, 컬러, 79분

1987

세상을 달리는 사나이Il court… il

court le monde

감독 : 장 피에르 다르덴, 뤽 다르덴

각본 : 장 피에르 다르덴, 뤽 다르덴

형식 : 단편 극영화

내용 : 미디어, 현대사회, 도시 생활의 스트레스를 조소하는 코미디

촬영감독 : 알랭 마르코앵

카메라맨 : 브누아 드비

편집 : 마리엘렌 도조

사운드 : 티에리 드알뢰

음악 : 마리잔 위크만스

믹싱 : 제라르 루소

세트 디자인 : 크리스틴 플레뉘

프로덕션 디자인 : 베로니크 마리

진행 : 이자벨 콜랭

제작 : 마리안 드 백커

제작사 : 데리브 프로덕션

캐스트 : 존 도브리닌(존), 카르멜라 로캉토르(소니아), 크리스티앙 마이예(크리스티앙), 파스칼 티종(소피), 앙드레 레아네르(미셸), 장폴 데르몽(마리네티/운전사)

카메라, 상영시간 : 35mm, 컬러, 11분

1992

당신을 생각해요 Je pense à vous

감독 : 장 피에르 다르덴, 뤽 다르덴

각본 : 장 그뤼오, 장 피에르 다르덴, 뤽 다르덴

촬영감독 : 요르고스 아르바니티스

카메라맨 : 장 자크 므레젤

편집 : 드니즈 빈데보겔, 뤼도 트로흐

사운드 : 장 피에르 뒤레

음악 : 빔 메르텐스

믹싱 : 브뤼노 타리에르

의상 : 모니크 파렐

세트 디자인 : 이브 브로베

프로덕션 디자인 : 조이 페어

프로듀서 : 자클린 피에뢰, 카틀린 드 베튠, 클로드 와랭고

진행 : 브누아 반 밤베케

제작 : 더크 임펜스, 장뤽 오르미에르

제작사 : 필름 데리브, 페이버릿 필름, 티탄, 삼사 필름, 벨기에 텔레비전, 브

필모그래피

뤼셀 시청각예술 센터

캐스트 : 로뱅 레누치(파브리스), 파비엔 바베(셀린), 블라디미르 코틀리아로프 디 톨스티(마렉), 질 라게(렌조), 피에트로 피주티(로랑), 나탈리 위프네(솔랑주), 스테판 퐁 드빌(마르탱), 피에르 파케트(브랑동), 앙젤리크 아장(미리암), 뱅상 그라스(알랭), 장클로드 데뤼데(무스타슈)

카메라, 상영시간 : 35mm, 컬러, 82분

1996

약속La Promesse

감독 : 장 피에르 다르덴, 뤽 다르덴

각본 : 장 피에르 다르덴, 뤽 다르덴, 레옹 미쇼, 크리스티앙 크미오텍, 알퐁스 바돌로

촬영감독 : 알랭 마르코앵

카메라맨 : 브누아 데르보

편집 : 마리엘렌 도조

사운드 : 장 피에르 뒤레, 미셸 비오네, 파스칼 메즈

음악 : 장 마리 빌리, 드니 음풍가

믹싱 : 토마 고데, 필리프 보두앵

의상 : 모니크 파렐

세트 디자인 : 이고르 가브리엘

프로덕션 디자인 : 베로니크 마리

프로듀서 : 클로드 와랭고

진행 : 로베르 르멘, 타우픽 구이가

제작 : 아를레트 질베르베르

제작사 : 레 필름 뒤 플뢰브, 벨기에 텔레비전, 데리브, 프랑스 투자 프로덕션, 삼사 필름, 튀니지 투자 필름, 튀니지 텔레비전

캐스트 : 제레미 레니에(이고르), 올리비에 구르메(로제), 아시타 오우에드라오고(아시타), 프레데릭 보송(정비소 사장), 라스마네 오우에드라오고(함두), 하셰미 하다드(나빌), 플로리앙 들랭(리리), 리아지드 바쿠슈(무스타파), 조제 덤스트(세이두), 크리스티안 무시무아나(로잘리)

카메라, 상영시간 : 35mm, 컬러, 90분

필모그래피

1999

로제타Rosetta

감독 : 장 피에르 다르덴, 뤽 다르덴

각본 : 장 피에르 다르덴, 뤽 다르덴

촬영감독 : 알랭 마르코앵

카메라맨 : 브누아 데르보

편집 : 마리엘렌 도조

사운드 : 장 피에르 뒤레

음악 : 장 피에르 코코

믹싱 : 토마 고데

의상 : 모니크 파렐

세트 디자인 : 이고르 가브리엘

프로덕션 디자인 : 베로니크 마리

프로듀서 : 아를레트 질베르베르

진행 : 필리프 그로프, 필리프 투생

제작 : 장 피에르 다르덴, 뤽 다르덴,
미셸 페탱, 로랑 페탱

제작사 : 레 필름 뒤 플뢰브, 벨기에
텔레비전, ARP 셀렉시옹

캐스트 : 에밀리 드켄(로제타), 파브
리치오 롱지온(리케), 안 예르노(어
머니), 올리비에 구르메(사장), 베르

나르 마르베(캠프장 소장), 프레데릭
보송(인사부장), 플로리안 들랭(사
장 아들), 크리스티안 도르발(가게 점
원), 미레유 베일리(가게 점원), 토마
골리(어머니의 남자)

카메라, 상영시간 : 35mm, 컬러, 90분

2002

아들Le Fils

감독 : 장 피에르 다르덴, 뤽 다르덴

각본 : 장 피에르 다르덴, 뤽 다르덴

촬영감독 : 알랭 마르코앵

카메라맨 : 브누아 데르보

편집 : 마리엘렌 도조

사운드 : 장 피에르 뒤레

음악 : 브누아 드 클레르

믹싱 : 토마 고데

의상 : 모니크 파렐

세트 디자인 : 이고르 가브리엘

프로덕션 디자인 : 베로니크 마리

프로듀서 : 올리비에 브롱카르

진행 : 필리프 그로프

필모그래피

제작 : 장 피에르 다르덴, 뤽 다르덴, 드니 프레이

제작사 : 레 필름 뒤 플뢰브, 벨기에 텔레비전, 아르시펠 35

캐스트 : 올리비에 구르메(올리비에), 모르강 마린(프란시스), 이자벨 수파르(마갈리), 나심 하사이니(오마르), 케빈 르로이(라울), 펠리시앙 피세(스티브), 레미 르노(필리포), 아네트 클로세(센터 매니저), 파비앙 마르네트(리노), 피에르 니스, 스테판 바르바종, 다비드 만나, 압델라 아마르주프(견습 용접공), 지미 들루프(다니), 안 제라르(다니의 어머니)

카메라, 상영시간 : 35mm, 컬러, 99분

2005
더 차일드 L'enfant

감독 : 장 피에르 다르덴, 뤽 다르덴

각본 : 장 피에르 다르덴, 뤽 다르덴

촬영감독 : 알랭 마르코앵

카메라맨 : 브누아 데르보

편집 : 마리엘렌 도조

사운드 : 장 피에르 뒤레

음악 : 브누아 드 클레르

믹싱 : 토마 고데

의상 : 모니크 파렐

세트 디자인 : 이고르 가브리엘

프로덕션 디자인 : 베로니크 마리

프로듀서 : 올리비에 브롱카르

진행 : 필리프 그로프

제작 : 드니 프레이, 뤽 다르덴, 장 피에르 다르덴

제작사 : 레 필름 뒤 플뢰브, 벨기에 텔레비전, 아르시펠 35

캐스트 : 제레미 레니에(브뤼노), 데보라 프랑수아(소니아), 제레미 세가르(스티브), 파브리치오 롱지온(젊은 갱스터), 올리비에 구르메(사복 경찰), 안 제라르(가게 여주인), 베르나르 마르베(가게 주인), 장클로드 보니베르(사복 경찰), 프레데릭 보송(나이든 갱스터), 마리로즈 롤랑(간호

필모그래피

사), 레옹 미쇼(경찰관), 델핀 톰슨(빨
간 머리 소녀), 사뮈엘 드 리크(토마)
카메라, 상영시간 : 35mm, 컬러,
100분

진행 : 델핀 톰슨, 가엘 푸치오
캐스트 : 에밀리 드켄, 제레미 세가르
카메라, 상영시간 : 35mm, 컬러, 2분
45초

2007
어둠 속에서Dans L'obscurité
감독 : 장 피에르 다르덴, 뤽 다르덴
각본 : 장 피에르 다르덴, 뤽 다르덴
형식 : 단편 극영화
내용 : 영화관에서 한 소매치기가 브
레송의 영화에 감동한 젊은 여성의
지갑을 훔치려 한다. (영화 〈그들 각
자의 영화관〉에 포함됨)
촬영감독 : 알랭 마르코앵
카메라맨 : 브누아 데르보
편집 : 마리엘렌 도조
사운드 : 브누아 드 클레르
믹싱 : 토마 고데
의상 : 모니크 파렐
세트 디자인 : 이고르 가브리엘
프로듀서 : 올리비에 브롱카르

2008
로나의 침묵Le silence de Lorna
감독 : 장 피에르 다르덴, 뤽 다르덴
각본 : 장 피에르 다르덴, 뤽 다르덴
촬영감독 : 알랭 마르코앵
카메라맨 : 브누아 데르보
편집 : 마리엘렌 도조
사운드 : 장 피에르 뒤레
음악 : 쥘리 브랑타
믹싱 : 토마 고데
의상 : 모니크 파렐
세트 디자인 : 이고르 가브리엘
프로듀서 : 올리비에 브롱카르
진행 : 필리프 그라프
제작 : 드니 프레이, 뤽 다르덴, 장 피
에르 다르덴
제작사 : 레 필름 뒤 플뢰브, 벨기에

텔레비전, 아르시펠 35, 럭키 레드, 아르테 프랑스 시네마, 아르테미스 프로덕션

캐스트 : 아르타 도브로시(로나), 제레미 레니에(클로디), 파브리치오 롱지온(파비오), 알반 우카즈(소콜), 모르강 마린(스피루), 올리비에 구르메(수사관), 안톤 야코블레프(안드레이), 그리고리 마누코프(코스티아), 미레유 베일리(모니크 소벨) 스테파니 고브(상담 심리 간호사), 로랑 카롱(수사관), 바티스트 소르냉(시체 안치소 직원), 알렉상드르 트로키(의사), 세드릭 르누아르(은행원)

카메라, 상영시간 : 35mm, 컬러, 106분

2011

자전거 탄 소년 Le gamin au vélo

감독 : 장 피에르 다르덴, 뤽 다르덴

각본 : 장 피에르 다르덴, 뤽 다르덴

촬영감독 : 알랭 마르코앵

카메라맨 : 브누아 데르보

편집 : 마리엘렌 도조

사운드 : 장 피에르 뒤레

음악 : 브누아 드 클레르

믹싱 : 토마 고데

의상 : 마이라 라메단레비

세트 디자인 : 이고르 가브리엘

프로덕션 디자인 : 토마 알판다리

프로듀서 : 델핀 톰슨

진행 : 필리프 그라프

제작 : 드니 프레이, 뤽 다르덴, 장 피에르 다르덴

제작사 : 레 필름 뒤 플뢰브, 벨기에 텔레비전, 아르시펠 35, 럭키 레드, 프랑스 2 시네마, 벨가콤

캐스트 : 토마 도레(시릴), 세실 드 프랑스(사만다), 제레미 레니에(기 카툴), 파브리치오 롱지온(서점 주인), 에곤 디 마테오(웨스), 올리비에 구르메(비스트로 주인), 바티스트 소르냉(보육자), 카를 자도(보육원 교사), 클로디 델포스(버스정류장 남자), 장미

셸 발타자르(이웃 주민), 프레데릭 뒤셴(건물 관리인), 미리암 아케디우(의료 보조원)

카메라, 상영시간 : 디지털, 컬러, 87분

2014

내일을 위한 시간 Deux jours, une nuit

감독 : 장 피에르 다르덴, 뤼크 다르덴

각본 : 장 피에르 다르덴, 뤼크 다르덴

촬영감독 : 알랭 마르코엥

카메라맨 : 브누아 데르보

편집 : 마리엘렌 도조

사운드 : 장 피에르 뒤레

음악 : 브누아 드 클레르

믹싱 : 토마 고데

의상 : 마이라 라메단레비

세트 디자인 : 이고르 가브리엘

프로덕션 디자인 : 필리프 그로프

프로듀서 : 델핀 톰슨

진행 : 필리프 투생

제작 : 드니 프레이, 뤼크 다르덴, 장 피에르 다르덴

제작사 : 레 필름 뒤 플뢰브, 벨기에 텔레비전, 아르시펠 35, 빔, 아이웍스, 프랑스 2 시네마, 카날플뤼스, 시네플뤼스, 벨가콤

캐스트 : 마리옹 코티야르(산드라), 파브리치오 롱지온(마뉘), 카트린 살레(쥘리에트), 다미앙 트라플레티(안내원), 바티스트 소르냉(무슈 뒤몽), 필리 그로인(에스텔), 시몽 코드리(막심), 라라 페르생(윌리의 아내), 알랭 엘로이(윌리), 미리암 아케디우(미레유), 파비엔 시아시아(나딘), 아네트 니로(논나), 라니아 멜룰리(티무르의 딸), 티무르 마고메드가지예프(티무르)

카메라, 상영시간 : 디지털, 컬러, 95분

2016

언노운 걸 La fille inconnue

감독 : 장 피에르 다르덴, 뤼크 다르덴

각본 : 장 피에르 다르덴, 뤼크 다르덴

촬영감독 : 알랭 마크로앵

카메라맨 : 브누아 데르보

편집 : 마리엘렌 도조

사운드 : 장 피에르 뒤레

음악 : 브누아 드 클레르

믹싱 : 토마 고데

의상 : 마이라 라메단레비

세트 디자인 : 밀리 다르덴

프로덕션 디자인 : 이고르 가브리엘

프로듀서 : 델핀 톰슨

진행 : 올리비에 아브라사르

제작 : 장 피에르 다르덴, 뤽 다르덴, 드니 프레이

제작사 : 레 필름 뒤 플뢰브, 아르시펠 35, 새비지 필름, 프랑스 2 시네마, VOO, Be tv, 벨기에 텔레비전,

캐스트 : 아델 에넬(제니 다뱅), 올리비에 보노(쥘리앙), 제레미 레니에(브리앙의 아버지), 루카 미넬라(브리앙), 크리스텔 코르닐(브리앙의 어머니), 앙주데보라 굴레히(정체불명 소녀), 나데주 오우에드라오고(사이

버 카페 점원), 올리비에 구르메(랑베르), 피에르 숨케이(랑베르의 아버지), 이브 라레크(아브랑 박사), 벤 하미두(벤 마흐무드 경감), 로랑 카롱(베르카로 경감), 파브리치오 롱지온(리가 박사)

카메라, 상영시간 : HD, 컬러, 113분

2019

소년 아메드 Le Jeune Ahmed

감독 : 장 피에르 다르덴, 뤽 다르덴

각본 : 장 피에르 다르덴, 뤽 다르덴

촬영감독 : 브누아 데르보

카메라맨 : 아모리 드켄

편집 : 마리엘렌 도조

사운드 : 장 피에르 뒤레

믹싱 : 토마 고데

의상 : 마이라 라메단레비

세트 디자인 : 줄리앙 드니

프로덕션 디자인 : 이고르 가브리엘

프로듀서 : 델핀 톰슨

진행 : 올리비에 아브라사르

필모그래피

제작 : 장 피에르 다르덴, 뤽 다르덴, 드니 프레이

제작사 : 레 필름 뒤 플뢰브, 아르시 펠 35

캐스트 : 이디르 벤 아디(아메드), 메리엄 아카디우(이네스), 빅토리아 블록(루이즈), 올리비에 보노(사회복지사), 오스만 모먼(이맘), 클레어 보드손(아메드의 엄마), 아민 하미두(라시드), 야신 타르시미(압델), 사이라 라스만(야스민), 카림 치하브(철학 선생님)

카메라, 상영시간 : HD, 컬러, 84분

2022

토리와 로키타 Tori et Lokita

감독 : 장 피에르 다르덴, 뤽 다르덴

각본 : 장 피에르 다르덴, 뤽 다르덴

촬영감독 : 브누아 데르보

카메라맨 : 아모리 드켄

편집 : 마리엘렌 도조

사운드 : 장 피에르 뒤레

믹싱 : 토마 고데

의상 : 도로시 기로

세트 디자인 : 줄리앙 드니

프로덕션 디자인 : 이고르 가브리엘

프로듀서 : 델핀 톰슨

진행 : 필리프 투생

제작 : 드니 프레이, 장 피에르 다르덴, 뤽 다르덴

제작사 : 레 필름 뒤 플뢰브, 아르시 펠 35, 새비지 필름

캐스트 : 파블로 실스(토리), 졸리 음분두(로키타), 알반 우카즈(베팀), 티멘 고베츠(루카스), 샤를로트 드 브뤤(마르고트), 나데게 우에드라오고(쥐스틴), 마크 징가(피르민), 아네트 클로젯(로키타의 선생님), 토마 도레(로키타의 변호사)

카메라, 상영시간 : HD, 컬러, 89분

찾아보기

찾아보기

찾아보기

찾아보기

찾아보기

찾아보기